Alfred Meistermann

Systèmes porteurs

Alfred Meistermann

Systèmes porteurs

BIRKHÄUSER
BASEL

Table des matières

Avant-propos

Pour concevoir et construire un bâtiment, il est nécessaire d'en comprendre les propriétés structurales. Que les éléments porteurs soient traités comme des composants marquants du projet ou comme une sous-construction invisible, un bâtiment repose toujours sur sa structure porteuse, qui en transmet les charges au sol de fondation et en assure la stabilité. Aussi est-il fondamental, pour développer des solutions conformes aux règles de la construction et aux exigences des matériaux mis en œuvre, de connaître les caractéristiques spécifiques des différents systèmes porteurs et de comprendre les principes qui les régissent.

En début de cursus, l'étudiant est confronté à une multitude de domaines nouveaux, et il ne lui est pas toujours facile de se plonger dans la complexité de la statique et de l'analyse des structures. Aussi le volume *Basics Systèmes porteurs* souhaite-t-il jeter un pont entre les domaines de l'architecture et du génie civil, en expliquant de façon accessible les principes fondamentaux de la statique, et en présentant le déroulement du travail de l'ingénieur structure. Même s'il ne sera pas possible de ne pas recourir du tout aux mathématiques, cet ouvrage s'appliquera non pas à présenter des méthodes de calcul, mais à expliquer de façon parlante un certain nombre de phénomènes statico-constructifs.

L'auteur commence par présenter, à l'aide d'exemples simples, les diverses charges et efforts intervenant dans le calcul de la capacité porteuse des éléments de structure, tout en définissant les termes techniques y afférents. Il décrit ensuite les principaux types d'éléments porteurs, en montrant comment leur forme s'adapte aux efforts auxquels ils sont soumis. Il présente enfin les divers systèmes statiques et structures porteuses envisageables pour différentes catégories de bâtiments. Le savoir ici transmis, à la fois dense et concis, permettra aux étudiants d'intégrer de façon créative les aspects structuraux dans leurs projets.

Bert Bielefeld, Directeur de collection

Charges, forces et efforts

SYSTÈMES PORTEURS ET STATIQUE

On peut philosopher longtemps sur les rapports qu'entretiennent conception et construction, et prendre à ce propos des positions très différentes. Celles-ci resteront cependant toujours les deux faces d'une même médaille. Concevoir des espaces signifie les définir, et cela se fait au moyen de structures qu'il s'agit de construire, et au sujet desquelles tout architecte doit par conséquent disposer d'un bagage fondamental. S'il est très rare que le maître d'œuvre ait à contrôler lui-même la stabilité d'une construction, il devrait néanmoins être capable de choisir, lors des premières phases du projet, des éléments de construction appropriés, et d'en estimer les dimensions de façon réaliste. Lors de l'étape suivante, la structure porteuse est en général développée en collaboration avec un ingénieur structure. Pour dialoguer en interlocuteur compétent, l'architecte devra posséder des connaissances de base relatives aux différents types de structures existants, à leurs avantages et inconvénients respectifs et aux différents efforts auxquels ils sont soumis. Si ces derniers semblent de prime abord complexes, ils n'en présentent pas moins des liens logiques les uns avec les autres. Pour expliquer ces relations, le plus simple est de considérer les différents efforts dans l'ordre où ils interviennent dans le calcul statique, lequel comprend en général les étapes suivantes :

— Analyse de l'ensemble de la structure et de la fonction de ses différents éléments – Système porteur
— Détermination de toutes les forces agissant sur les éléments de la structure – Hypothèses de charges
— Calcul des efforts agissant sur un élément spécifique et des efforts que celui-ci transmet à d'autres – Calcul des efforts externes
— Calcul des efforts générés à l'intérieur même de l'élément considéré – Calcul des efforts internes
— Contrôle de la stabilité de l'élément considéré
— Vérification de la résistance de l'élément considéré aux efforts précédemment calculés

FORCES ET EFFORTS

Les forces se définissent comme le produit de la masse par l'accélération.

$F = m \cdot a$

L'unité de mesure des forces est le newton [N], un newton correspondant à peu près au poids de 100 grammes. Dans le bâtiment, on utilise aussi comme unités de mesure le kilonewton [kN] et le méganewton [MN].

Newton

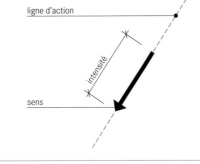

III. 1 : Force

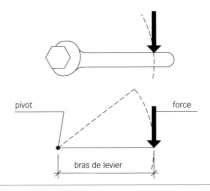

III. 2 : Moment

Kilonewton:
1 kN = 1 000 N,
Méganewton:
1 MN = 1 000 000 N

Une force est déterminée par sa grandeur (ou intensité) et son sens. Elle agit de façon linéaire, ce que traduisent sa ligne d'action et son sens sur cette ligne. > III. 1

Moment

Les forces peuvent cependant aussi agir en tournant autour d'un point. On parle alors de moment de forces ou tout simplement de moment, lequel se définit par le produit de l'intensité de la force considérée par la distance (bras de levier) entre le point d'application de celle-ci et le point de rotation.

Un exemple simple de moment nous est fourni par le serrage d'une vis à l'aide d'une clé à écrou. On voit bien ici le rapport entre intensité de la force et bras de levier : plus la clé est longue, plus le moment est grand. > III. 2

Action = réaction

La statique décrit la répartition des efforts dans un système en équilibre. Un bâtiment et ses parties sont normalement en équilibre, ce qui signifie que toutes les forces à l'œuvre se compensent. C'est ce que résume la loi « action = réaction ». Celle-ci sert de point de départ à tout calcul statique, où l'on admet que la somme de toutes les forces agissant dans un sens et dans le sens opposé est égale à zéro. Il en découle que si l'action est connue, la réaction peut être déterminée directement. Nous verrons, dans le chapitre consacré aux réactions d'appui, par quelles méthodes y parvenir pour les structures porteuses.

SYSTÈME STATIQUE

Le concepteur structure commence par analyser le fonctionnement de la structure en établissant le système statique correspondant. Un système statique est une modélisation abstraite des éléments de structure réels, dont la construction est souvent complexe. Ici, on représentera un poteau par une ligne, même si sa section est importante, et on

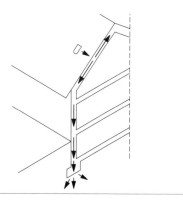

III. 3 : Cheminement des charges

considérera sa charge comme ponctuelle. Quant aux murs, on les représentera sous la forme de plans verticaux et on admettra que leur charge est linéaire. On indiquera en outre, dans le système statique, comment les différents éléments de la structure sont reliés entre eux et comment ils se transmettent les efforts les uns aux autres, ce qui revêt pour le calcul une importance déterminante. Les symboles utilisés seront décrits dans le chapitre traitant des appuis. > III. 8, p. 16

Dans l'étape suivante, tous les éléments de la structure sont désignés, dans l'ordre, par un numéro de position. Il s'agit en outre de clarifier ici quels éléments exercent une charge sur quels autres. Les tuiles d'une toiture reposent par exemple sur la charpente, mais elles exercent aussi une action sur les murs, et ce jusqu'aux fondations. Aussi devra-t-on déterminer avec précision quels éléments reprendront les charges issues des étages supérieurs. > III. 3

Positions

Parcours des charges

■

■ **Astuce:** Pour entretenir une bonne collaboration avec les ingénieurs structure, il est important de comprendre en quoi consistent leur travail, leurs méthodes et leurs objectifs. Pour ce faire, il est très instructif d'examiner leurs calculs, leurs schémas de positions et leurs plans d'exécution, et de les comparer avec les documents produits par les architectes.
Une fois que l'ingénieur a développé la structure avec l'architecte dans la phase d'avant-projet, l'essentiel de son travail consiste à établir les calculs statiques nécessaires pour l'obtention du permis de construire et, par la suite, à dessiner les plans d'exécution du gros œuvre. Ce faisant, il s'intéressera surtout aux éléments porteurs. Il ne prendra en compte les éléments non porteurs – par exemple les cloisons de séparation – qu'en tant que charges, et ne les dessinera pas forcément dans ses plans.

EFFORTS EXTERNES

Lorsque l'on considère un élément de structure, par exemple une poutre de charpente, il s'agit de faire la distinction entre deux types d'efforts. Il y a d'une part ceux qu'exerce sur la poutre la construction reposant sur elle, et ceux qu'elle transmet à la maçonnerie sur laquelle elle prend appui. Si l'on fait abstraction du poids propre de la poutre, il est indifférent que celle-ci soit mince ou épaisse, résistante ou non, car il n'est pour l'instant question que des efforts externes, qui ne font pas encore intervenir la poutre elle-même.

Il y a d'autre part les efforts générés à l'intérieur même de la poutre, comme par exemple le moment de flexion dû à la construction reposant sur elle. Ce moment est l'un des efforts internes qui seront décrits dans le chapitre correspondant.

Actions

Tout ce qui peut influer sur un élément de structure est appelé action. Il s'agit en général de forces d'origines diverses. Les forces sollici-
Charges tant mécaniquement un élément sont aussi appelées charges. Celles-ci agissent sur l'élément de l'extérieur, et doivent être distinguées des réactions d'appuis, qui seront définies dans le sous-chapitre du même nom. Comme le veut le caractère abstrait du système statique, les charges seront considérées comme ponctuelles, linéaires ou surfaciques. > III. 4

On fait par ailleurs la distinction entre actions permanentes, variables et exceptionnelles. Parmi les actions permanentes, la principale est en
Poids propre général le poids des éléments, appelé poids propre. Comptent parmi les
Charges utiles actions variables les charges utiles et les charges dues au vent, à la neige et à la glace. Les charges utiles, dont l'intensité à prendre en compte dans les calculs est définie dans les différentes normes nationales, > Annexes, Normes dépendent de la destination du bâtiment. Les plus importantes sont les charges verticales, en fonction desquelles doivent être dimensionnés les planchers. Pour ce faire, on attribue aux locaux une charge utile surfacique correspondant à leur fonction (pièces d'habitation, bureaux, espaces de rassemblement, etc.). Mais il existe aussi des charges utiles essentiellement horizontales, comme celles s'exerçant sur les garde-corps et les parapets, celles dues au freinage, à l'accélération ou aux chocs provoqués par des véhicules, les charges dynamiques dues à des machines ou encore les charges sismiques.

Hypothèses de charges

Une fois le fonctionnement de la structure clarifié à l'aide du système statique, il s'agit de déterminer les actions auxquelles celui-ci est soumis. Pour ce faire, on identifie toutes les forces à l'œuvre, on en définit
Charges verticales/ la valeur et on les additionne. En général, on les rapporte respectivement
horizontales à un mètre ou à un mètre carré de l'élément considéré. Les charges obliques sont la plupart du temps décomposées en une charge horizon-

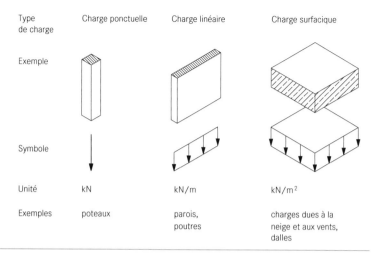

Type de charge	Charge ponctuelle	Charge linéaire	Charge surfacique
Exemple			
Symbole			
Unité	kN	kN/m	kN/m^2
Exemples	poteaux	parois, poutres	charges dues à la neige et aux vents, dalles

Ill. 4 : Types de charges

tale et une verticale. Pour la suite du calcul, il est utile de recenser séparément les charges verticales, les charges horizontales et les moments.

La notion d'aire de chargement décrit la portion d'une surface dont la charge est transmise à un élément donné. Elle dépend du type de structure considéré et de sa portée. Prenons l'exemple d'un plancher en bois, dont les solives sont espacées de 80 cm. De quelle portion de plancher chaque solive doit-elle reprendre la charge ? L'aire de chargement d'une solive donnée va du milieu de la travée située à sa gauche au milieu de celle située à sa droite, et présente donc une largeur de 2 × 40 = 80 cm. > Ill. 5 S'il s'agit là d'un exemple simple, déterminer l'aire de chargement d'un élément de structure peut, dans certains cas, se révéler assez compliqué.

● Aire de chargement

● **Important:** Agissent verticalement, par mètre carré de surface d'élément : le poids propre, les charges utiles s'exerçant sur les dalles, les escaliers et les balcons. Agissent verticalement, par mètre carré de surface d'élément en projection verticale : les charges dues à la neige.

Agissent perpendiculairement à la surface de l'élément concerné : les charges dues au vent.
Agissent en général horizontalement : les charges s'exerçant sur les garde-corps et les parapets, les charges dues au freinage, à l'accélération et aux chocs provoqués par des véhicules, les charges sismiques.

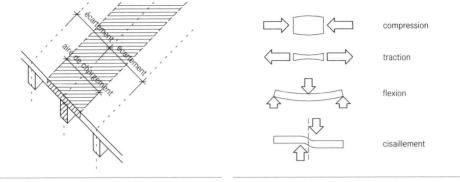

III. 5 : Aire de chargement

III. 6 : Types de sollicitations

Types de sollicitations

Si nous avons jusqu'ici considéré les charges et leur intensité, il est aussi très important de savoir comment une charge, ou plus généralement une force, agit sur un élément de structure. Pour ce faire, il convient de distinguer entre les différents types de sollicitations suivants :

— Compression : Une brique posée sur une autre exerce sur celle-ci une compression.
— Traction : La sollicitation en traction est très bien illustrée par l'exemple du câble, qui ne peut reprendre que des efforts de traction.
— Flexion : Sur une poutre prenant appui à chacune de ses extrémités, on applique une charge verticale. La poutre fléchit, parce que sollicitée en flexion.
— Cisaillement : Ce type de sollicitation est analogue à celui qu'exerce une paire de ciseaux sur une feuille de papier pour la découper. Ici, deux forces légèrement décalées et de sens opposé agissent perpendiculairement à l'élément sollicité. Cette sollicitation survient souvent au niveau des organes d'assemblage ou de fixation, par exemple des vis. > III. 6

Appuis

On appelle appuis les points de contact entre éléments de structure au niveau desquels sont transmis des efforts. Un exemple simple est celui d'une solive reposant à ses extrémités sur des murs : elle prend appui sur la maçonnerie. En génie civil, la notion d'appui est cependant prise dans une acception plus large et désigne divers types de points de contact entre éléments. Ainsi appelle-t-on par exemple aussi appui la fixation d'un mât dans le sol ou l'assemblage d'une poutre et d'un poteau

III. 7 : Appuis de structures en acier

en acier. Pour le concepteur structure, les appuis se distinguent surtout par le type d'efforts qu<'ils sont amenés à transmettre.

Les différentes formes d'appuis s'observent très bien dans les anciens ponts en acier. Leurs grandes poutres reposent d'un côté sur des points de surface très réduite ou sur de minces bandes leur permettant de fléchir librement. On parle dans ce cas d'<u>appuis fixes</u> ou d'<u>articulations,</u> lesquels peuvent reprendre des charges tant verticales qu'horizontales. Appuis fixes

À l'autre extrémité, les poutres reposent en général sur des rouleaux, qui leur permettent de se dilater sans contrainte sous l'effet de la chaleur. De tels appuis peuvent, eux aussi, reprendre les charges verticales qui pèsent sur le pont, mais ils ne s'opposent ni aux forces horizontales – comme celle due au mouvement causé par la dilatation thermique des poutres – ni à la flexion de ces dernières. On parle dans ce cas d'<u>appuis mobiles</u> (ou glissants). Appuis mobiles

Qu'en est-il du mât ancré dans le sol évoqué plus haut ? Sa fixation peut non seulement transmettre au sol les forces verticales et horizontales exercées par le mât, mais aussi empêcher celui-ci de basculer, c'est-à-dire de pivoter autour de son appui. On parle dans ce cas d'encastrement. > III. 8 Encastrement

On distingue donc entre trois types d'appuis :

— Les <u>appuis mobiles,</u> à <u>liaison simple,</u> ne pouvant reprendre que des forces agissant dans une seule direction.
— Les <u>appuis fixes,</u> à <u>liaison double,</u> pouvant reprendre des forces agissant dans plusieurs directions.
— Les <u>encastrements,</u> à <u>liaison triple,</u> pouvant reprendre des forces agissant dans plusieurs directions, ainsi que des moments.

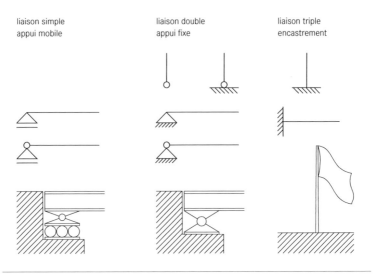

III. 8 : Types d'appuis, symboles et exemples

Pour le bon fonctionnement de la structure, il est primordial de choisir le type d'appui approprié, et de représenter, dans le système statique, les appuis par les symboles correspondants. > Chap. Système statique

Réactions d'appui

Réactions d'appui

Imaginons une poutre reposant non pas sur un mur, mais sur un ressort en spirale. Sous l'effet de la charge, le ressort est comprimé. Il exerce donc une force opposée à cette charge. On parle à ce propos de réaction d'appui. > III. 9 Si la poutre reste immobile, c'est que la réaction exercée par le ressort sur la poutre a exactement la même intensité que la force exercée par la poutre sur le ressort. En termes simples : action = réaction. > III. 10 Même si on ne le voit pas, le mur servant habituellement d'appui à la poutre est comprimé de la même manière que le ressort, et exerce une réaction d'appui équivalente.

Pour pouvoir calculer une structure, il faut connaître l'intensité des forces que doivent exercer les appuis pour supporter les éléments reposant sur eux. La détermination des charges en présence est donc toujours suivie du calcul des réactions d'appui. En se basant sur la loi « action = réaction », on peut formuler pour chaque élément trois postulats permettant de calculer ces réactions. Ces trois propositions, appelées conditions d'équilibre, > III. 11 constituent la base de tout calcul statique et s'énoncent comme suit :

Conditions
d'équilibre

$$\sum V = 0$$

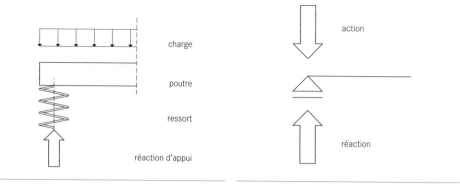

III. 9 : Réaction d'appui

III. 10 : Action = réaction

La somme de toutes les charges verticales est égale à la somme de toutes les réactions d'appui verticales. En d'autres termes : la somme de toutes les forces verticales est nulle.

$$\sum H = 0$$

La somme de toutes les charges horizontales est égale à la somme de toutes les réactions d'appui horizontales. En d'autres termes : la somme de toutes les forces horizontales est nulle.

$$\sum M_P = 0$$

Si l'on considère une poutre au point d'appui P, toutes les forces pivotant autour de ce point dans un sens sont égales à toutes les forces pivotant autour de lui dans l'autre. En d'autres termes : la somme de tous les moments s'exerçant par rapport au point P est nulle. Il convient ici de noter que toute force ou charge peut être considérée comme pivotant autour d'un point donné, l'intensité du moment ainsi généré s'obtenant, par définition, en multipliant l'intensité de la force par la longueur du bras de levier correspondant. > Chap. Forces et efforts

En établissant la somme des moments par rapport à un appui, on ne peut calculer que deux réactions d'appui. Comme le pivot coïncide ici avec l'appui, la réaction que celui exerce n'a pas de bras de levier et génère donc, pour cette équation, un moment nul. Ainsi ne reste-t-il plus

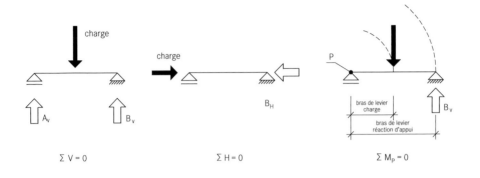

qu'une inconnue, à savoir la réaction de l'autre appui, qu'il est désormais facile de déterminer.

Pour une poutre sollicitée en son milieu par une charge ponctuelle, telle que figurée à l'illustration 11, la somme des moments par rapport au point P se présente comme suit:

$$\sum \hat{M}_P = 0 = A_v \cdot 0 + F \cdot l/2 - B_v \cdot l \rightarrow B_v = \frac{F \cdot l}{l \cdot 2} \rightarrow \quad B_v = F/2$$

Chacun des deux appuis supporte la moitié de la charge ponctuelle s'exerçant à mi-travée. En l'occurrence, on serait aussi arrivé à ce résultat sans calcul.

Pour tous les calculs effectués sur la base des conditions d'équilibre, il s'agit d'adopter une convention quant aux signes. De telles conventions n'étant pas prédéfinies, on précisera chaque fois, à l'aide d'une flèche, le sens dans lequel les forces seront considérées comme positives. Dans l'exemple ci-dessus, on a décidé que les forces pivotant dans le sens des aiguilles d'une montre (vers la droite) seraient affectées d'un signe positif, celles pivotant dans le sens opposé d'un signe négatif.

EFFORTS INTERNES

Jusqu'ici, nous ne nous sommes intéressés qu'aux efforts sollicitant un élément de structure et à ceux exercés par les appuis pour compenser les premiers. On parle à cet égard d'efforts externes, parce qu'ils ne font pas encore intervenir l'élément lui-même. Or que se passe-t-il au sein même de la poutre, ou, pour poser la question autrement, quels sont les efforts agissant à l'intérieur de celle-ci?

Pour le comprendre, imaginons qu'une poutre sur deux appuis soit sectionnée en un point quelconque. Que se passe-t-il alors? Elle s'effondre et ne porte plus rien, même plus son propre poids. La question est dès lors de savoir quels efforts doivent agir au niveau du plan de

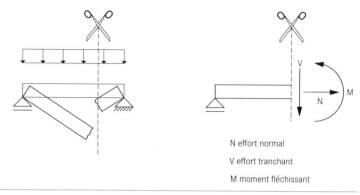

N effort normal

V effort tranchant

M moment fléchissant

III. 12 : Efforts internes

coupe pour que la poutre ne s'écroule pas, c'est-à-dire pour que l'équilibre interne soit assuré.

Pour répondre à cette question, on recourt à nouveau aux conditions d'équilibre, applicables aux efforts internes aussi bien qu'aux externes, et l'on admet que les efforts externes agissant depuis le plan de coupe jusqu'à l'extrémité de la poutre doivent être de même grandeur que les efforts internes s'y opposant au niveau du plan de coupe. > III. 12

De même que l'on subdivise les efforts externes en forces verticales, en forces horizontales et en moments, on subdivise les efforts internes en <u>efforts normaux</u>, en <u>efforts tranchants</u> et en <u>moments de flexion</u>, leur direction se rapportant chaque fois à l'élément lui-même.

Efforts internes

Effort normal

L'effort normal est celui qui agit dans l'axe d'un élément de structure. Prenons comme premier exemple celui d'un câble suspendu à un crochet et au bout duquel pend un poids. > III. 13 Le poids est ici la charge, la réaction d'appui étant exercée par le crochet. Telles sont les forces externes en présence. Si nous faisons abstraction du poids propre du câble, il apparaît que le câble est soumis en tout point à un même effort normal, dont l'intensité correspond au poids suspendu, cela indépendamment du fait que le câble soit court ou long.

Effort de traction

Dans le chapitre consacré aux types de sollicitations étaient décrits deux types d'efforts longitudinaux : la compression et la traction. Dans l'exemple du câble, on a affaire à un effort de traction.

Prenons comme second exemple celui d'un pilier de maçonnerie isolé, soumis à la seule charge de son poids propre (lequel, vu la masse volumique de ce matériau, est déjà considérable). > III. 14 Il est facile de calculer la réaction d'appui exercée au pied du pilier par les fondations, qui doit être égale au poids total de l'élément. Mais que se passe-t-il à l'intérieur même du pilier ? Les dernières briques n'en supportant

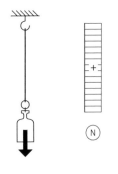

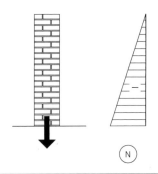

III. 13 : Diagramme des efforts normaux dans un câble tendu

III. 14 : Diagramme des efforts normaux dans un pilier de maçonnerie

Effort de compression

pas d'autres, le sommet du pilier n'est soumis à aucun effort normal. L'avant-dernière assise de briques portant en revanche l'assise de couronnement, elle est soumise à un petit effort normal, en l'occurrence de compression, qui augmente d'assise en assise, jusqu'aux fondations.

> Chap. Forces et efforts

À l'instar des charges, l'intensité de l'effort normal peut être représentée sous forme de diagramme. Dans les deux exemples que nous avons pris, l'effort normal suit une progression différente. Dans de tels diagrammes, les efforts de traction sont affectés d'un signe positif, les efforts de compression d'un signe négatif. > III. 13 et 14

Effort tranchant

Dans le cas des forces externes, on distingue entre forces horizontales et verticales. On établit une distinction similaire dans le cas des efforts internes, la seule différence étant que la direction de ces derniers se rapporte à l'axe de l'élément considéré. Tandis que l'on appelle efforts normaux les efforts de compression et de traction longitudinaux, on nomme efforts tranchants les efforts agissant perpendiculairement à l'axe de la barre. Ces derniers ne sont pas aussi faciles à saisir que les efforts normaux, et ne doivent pas être confondus avec la flexion, que nous aborderons au prochain chapitre.

Console

Prenons d'abord, pour illustrer l'effet de l'effort tranchant, l'exemple d'une console, c'est-à-dire d'une poutre dont l'une des extrémités est encastrée dans un mur et l'autre libre. > III. 15 Admettons que cette console, qui pourrait par exemple être destinée à soutenir un balcon, soit soumise à la charge linéaire uniformément répartie de son poids propre. Si l'on sectionnait la console près de son extrémité libre, la partie coupée tomberait sous l'effet de cette charge. Cette dernière agissant perpendicu-

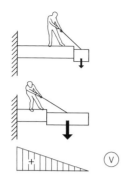

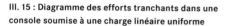

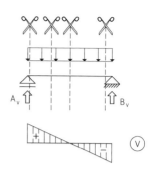

III. 15 : Diagramme des efforts tranchants dans une console soumise à une charge linéaire uniforme

III. 16 : Diagramme des efforts tranchants dans une poutre simple soumise à une charge linéaire uniforme

lairement à l'axe de la barre, c'est elle qui génère l'effort tranchant. Si l'on coupe une portion plus grande de la console, l'effort perpendiculaire à son axe correspondra, à cet endroit, à une partie plus importante de la charge uniforme. L'effort tranchant sera donc plus important à ce point de coupe qu'au précédent, et augmentera à mesure que l'on s'approchera de l'extrémité encastrée. Au niveau de l'encastrement même, l'effort tranchant sera compensé par une réaction d'appui de même intensité.

L'illustration 16 montre une poutre sur deux appuis, dite poutre simple, soumise à une charge linéaire uniformément répartie. Pour comprendre l'évolution de l'effort tranchant, le plus simple est de procéder à des coupes imaginaires de gauche à droite, et de déterminer quelles forces externes agissent à gauche du plan de coupe considéré. Le premier point de coupe intéressant est celui situé immédiatement à droite de l'appui gauche. Que se passe-t-il à cet endroit ? Ici agit la réaction exercée perpendiculairement à l'axe de la poutre et vers le haut par l'appui. L'effort tranchant correspond donc à la réaction d'appui. Si l'on coupe la poutre plus loin sur la droite, on s'aperçoit qu'une partie de la charge linéaire agit dans le sens opposé, et réduit donc d'autant l'effort tranchant par rapport au résultat précédent. Coupons maintenant la poutre en son milieu. Quelles sont les forces agissant perpendiculairement à la barre depuis son extrémité gauche jusqu'au point de coupe ? C'est d'une part la réaction d'appui, dirigée vers le haut, et d'autre part la charge uniforme s'exerçant sur la moitié gauche de la poutre, soit la moitié de la charge agissant sur toute la poutre. Dans un système symétrique comme celui-ci, on voit bien que chaque appui supporte la moitié de la charge linéaire totale. Il en découle qu'à mi-travée, l'effort tranchant est nul. Si l'on considère à présent un point de coupe sur la moitié droite

Poutre simple

de la poutre, c'est une partie encore plus importante de la charge linéaire qui agit, si bien que l'effort tranchant devient négatif. Au point de coupe situé juste avant l'appui droit, c'est presque toute la charge linéaire qui s'oppose à la réaction – toujours pareille – exercée par l'appui gauche. C'est seulement en ajoutant la réaction exercée par l'appui droit que le résultat s'annule à nouveau. Si l'on était parti de l'extrémité droite de la poutre, on aurait abouti au même résultat. Il est donc indifférent que l'on considère tel sous-système ou tel autre, les efforts internes – quels qu'ils soient – devant en effet se trouver en équilibre en tout point de la poutre.

Moment fléchissant

Nous avons déjà expliqué l'effet produit par les moments dans le chapitre consacré aux efforts externes, en considérant toutes les forces à l'œuvre comme pivotant autour d'un point donné. Nous avons vu aussi que l'intensité d'un moment correspondait au produit de la force considérée par le bras de levier correspondant. > Chap. Forces et efforts, Réactions d'appui Cependant, alors que dans le cas des efforts externes, les points intéressants étaient les appuis, il s'agit, dans le cas des efforts internes, de déterminer les moments agissant tout au long de la poutre. Les moments internes provoquent la flexion de la poutre. Pour bon nombre d'éléments de structure, la flexion est la sollicitation déterminante, en fonction de laquelle ils devront être dimensionnés. Aussi est-il nécessaire de savoir de quelle intensité sont les moments fléchissants à quel point de la poutre. C'est ce que l'on représente dans le diagramme des moments fléchissants, lequel constitue de ce fait un précieux outil pour la conception des éléments de structure sollicités en flexion.

Pour expliquer le lien direct entre moment fléchissant et flexion, prenons une nouvelle fois l'exemple d'une console. Comment celle-ci se déforme-t-elle sous l'action d'une charge linéaire uniforme ? Elle plie vers le bas. > Ill. 17 Cette déformation signifie que la partie supérieure de la poutre s'allonge et que sa partie inférieure se tasse, que la première est donc soumise à un effort de traction et la seconde à un effort de compression. Ces contraintes s'opposent à la charge sous forme d'efforts internes. C'est donc la flexion elle-même qui produit les moments internes, dont l'intensité dépend de celle de la force externe et de la longueur du bras de levier correspondants. L'extrémité libre de la console étant soumise à une faible charge dotée d'un court bras de levier, elle sera soumise à un moment de faible intensité. L'encastrement sera en revanche soumis à la totalité de la charge linéaire, laquelle s'exercera de plus avec un important bras de levier, et produira ainsi un moment de forte intensité. > Ill. 17

Une poutre simple soumise à une charge ponctuelle fléchira elle aussi vers le bas. Mais, à la différence de la console que nous venons de décrire, sa partie supérieure sera comprimée tandis que sa partie inférieure s'allongera. La flexion aura donc ici un autre sens que dans

Flexion (margin note, opposite "moments internes provoquent la flexion")

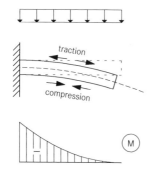

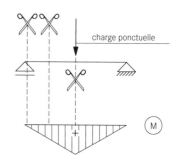

III. 17 : Diagramme des moments fléchissants dans une console soumise à une charge linéaire uniforme

III. 18 : Diagramme des moments fléchissants dans une poutre simple soumise à une charge ponctuelle

l'exemple précédent. À quoi le diagramme des moments fléchissants ressemblera-t-il ? Pour le savoir, analysons la poutre de gauche à droite. Au point de coupe situé immédiatement à droite de l'appui gauche agit la réaction d'appui, mais son bras de levier étant nul, le moment correspondant l'est aussi. Le bras de levier augmentant à mesure que l'on s'éloigne de l'appui, le moment croît de façon linéaire, cela jusqu'au point d'application de la charge ponctuelle. À droite de celui-ci, la charge s'oppose à la réaction d'appui avec un bras de levier toujours plus important, si bien que le moment fléchissant diminue progressivement jusqu'à l'appui droit, où il est à nouveau nul. Cette analyse peut être effectuée aussi bien depuis la droite que depuis la gauche ; le résultat sera toujours le même. > III. 18

Comment le diagramme des moments fléchissants se modifie-t-il si l'on remplace la charge ponctuelle par une charge linéaire uniformément répartie q ? Une charge linéaire peut être ramenée à une résultante ponctuelle, dont la ligne d'action passe par le centre de gravité de la charge linéaire. Cette résultante ponctuelle est égale à la force exercée par unité de longueur, multipliée par la longueur sur laquelle elle agit effectivement.

$$R = q \cdot l \, [kN \cdot m]$$
m

Pour calculer les moments fléchissants, il s'agit de déterminer cette résultante et la longueur de son bras de levier pour chaque point de coupe choisi. > III. 19 Ces charges ponctuelles s'opposent à la réaction d'appui avec une intensité croissante. Comme la longueur intervient deux fois dans le calcul, une fois en tant que longueur sur laquelle s'applique la charge linéaire et une autre en tant que bras de levier, le diagramme des moments qui en résulte correspond à une parabole.

Moment d'une charge linéaire : $M_A = q \cdot l \cdot l/2 \rightarrow M_A = \dfrac{q \cdot l^2}{2}$

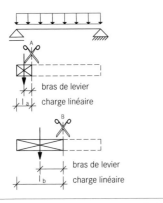

bras de levier

charge linéaire

l_a

bras de levier

charge linéaire

l_b

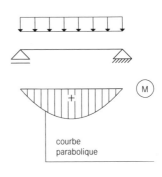

M

courbe
parabolique

III. 19 : Résultante partielle d'une charge linéaire

III. 20 : Diagramme des moments fléchissants dans une
poutre simple soumise à une charge linéaire uniforme

Les appuis représentent des points importants, car la flexion y est nulle. Comment cela s'explique-t-il ? Si l'on sectionne la poutre au niveau d'un de ses appuis et que l'on regarde en direction de celui-ci, aucune force n'a de bras de levier, étant donné qu'à cet endroit, la poutre n'a pas de longueur mesurable : nous considérons en fait un point. En outre, on peut dire de manière générale que la flexion présuppose une section de poutre rigide, capable de résister à des moments. Or, si l'on coupe un élément de structure au niveau d'une articulation – et un appui articulé en est une –, cette condition n'est pas remplie. Ainsi une chaîne, qui représente une succession d'articulations, ne peut-elle reprendre absolument aucun effort de flexion. L'un des principes à retenir est donc qu'au niveau d'une articulation, le moment fléchissant est toujours nul. > III. 20

Moment maximal

Dans le cas de notre poutre simple, c'est à mi-travée que le moment est le plus important. Pour être à même de supporter sa charge, la poutre doit donc être dimensionnée en fonction de ce moment. Ainsi peut-on énoncer comme règle générale que, pour dimensionner un élément de structure en flexion, il s'agit de déterminer la valeur du moment maximal et l'endroit où il survient.

Lorsqu'il s'agit cependant de concevoir des poutres de grande portée et donc onéreuses, le moment maximal n'est pas seul important. En effet, il peut se révéler judicieux, pour économiser du matériau, d'adapter la section de la poutre au diagramme des moments, en lui donnant à chaque point les dimensions strictement nécessaires pour reprendre le moment fléchissant correspondant. Aussi un architecte devrait-il être capable de déterminer qualitativement le diagramme des moments fléchissants d'une poutre en fonction de son chargement.

Relations entre les différents efforts internes

Dans les chapitres précédents, nous avons présenté les trois différents types d'efforts internes. Lorsque l'on calcule une structure, il convient en général d'établir les diagrammes des trois types d'efforts, de manière à pouvoir dimensionner les éléments de structure en fonction de leur effet conjugué.

Efforts tranchants et moments fléchissants entretiennent du reste une étroite relation, et les deux types d'efforts, qui résultent de la même charge, permettent de tirer un certain nombre de conclusions les uns à propos des autres.

Si une poutre n'est par exemple soumise, sur un certain tronçon, à aucune charge, l'effort tranchant ne pourra, à cet endroit, que demeurer constant. Quant à l'intensité des moments fléchissants, elle sera proportionnelle à la distance séparant le point de coupe considéré du point d'application de la force agissant plus loin sur la poutre (bras de levier), si bien que, sur le tronçon non chargé, les moments évolueront de façon linéaire. > III. 21

Parmi les relations qu'entretiennent efforts tranchants et moments fléchissants, celle qui revêt le plus d'importance pour les calculs statiques est la suivante : si l'on compare les diagrammes correspondants, on s'aperçoit qu'aux endroits où les moments sont les plus importants, les efforts tranchants sont nuls. Cela présente un avantage pratique, dans la mesure où le diagramme des efforts tranchants indique déjà l'endroit où surviendra le moment maximal, qui seul restera dès lors à calculer.
> III. 21 et 22

Avec un peu d'expérience, il est en outre possible de déterminer de façon qualitative les diagrammes des efforts tranchants et des moments fléchissants. L'illustration 23 présente les diagrammes correspondant à quelques modes de sollicitations très fréquents :

1. Si la poutre n'est soumise, sur un certain tronçon, à aucune force, les efforts tranchants demeurent constants et les moments sont linéaires.
2. Une charge ponctuelle entraîne un saut dans le diagramme des efforts tranchants et un coude dans celui des moments.

○ **Remarque :** S'appliquent en principe aux diagrammes des efforts internes les conventions suivantes :
Efforts normaux : la compression (–) est représentée vers le haut, la traction (+) vers le bas.
Efforts tranchants : les efforts tranchants positifs sont dessinés au-dessus de la ligne théorique de l'élément, les négatifs au-dessous.

Moments fléchissants : les moments sont dessinés dans le sens de la flexion : les moments positifs vers le bas, les négatifs vers le haut.
Ces conventions ne sont toutefois pas des définitions. Ainsi est-il par exemple d'usage, dans certains pays, de dessiner les moments fléchissants dans l'autre sens.

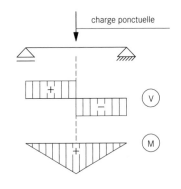

III. 21 : Diagrammes des efforts tranchants et des moments dans une poutre simple soumise à une charge ponctuelle

III. 22 : Diagrammes des efforts tranchants et des moments dans une poutre simple soumise à une charge linéaire uniforme

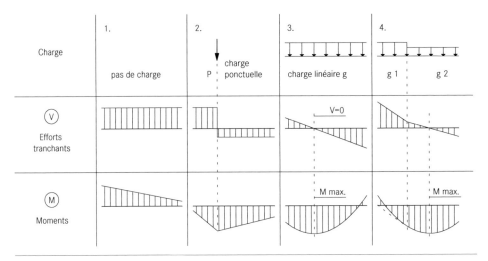

III. 23 : Relations entre charge, efforts tranchants et moments

3. Sous une charge linéaire uniformément répartie, les efforts tranchants décrivent une droite inclinée et les moments une parabole.

4. Un changement d'intensité de la charge linéaire provoque un coude dans le diagramme des efforts tranchants, celui des moments se composant de deux portions de paraboles juxtaposées présentant des pentes différentes, mais la même tangente horizontale. La première et la deuxième colonne du tableau pourraient figurer des extraits d'un système similaire à celui de l'illustration 21, tandis que la troisième colonne pourrait correspondre au système de l'illustration 22.

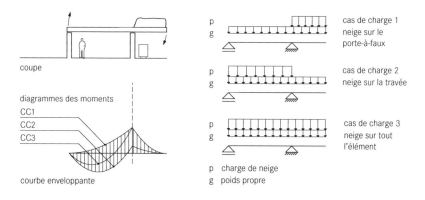

III. 24 : Cas de charge et courbe enveloppante

Cas de charge

Dans la pratique, il arrive souvent que différentes charges se super-posent. Pour dimensionner les éléments de structure en fonction de la sollicitation maximale, il s'agit d'additionner ces charges. Mais il se peut que les risques soient causés par autre chose que la charge maximale ainsi obtenue. En effet, les valeurs maximales des efforts intérieurs, déterminantes pour le dimensionnement de la structure, peuvent aussi résulter d'une autre combinaison des charges, les différentes combinaisons possibles étant appelées cas de charge.

Illustrons cela par un exemple. Un petit atelier couvert par une toiture plate à solivage présente sur le côté un vaste avant-toit destiné à l'entreposage de matériaux. En hiver se produisent d'abondantes chutes de neige. L'atelier étant bien chauffé et la toiture mal isolée, la neige fond sur le toit, mais pas sur l'avant-toit (sous lequel ne se trouve en effet aucun local chauffé). Cette charge entraîne d'une part le risque que la toiture se décolle du côté opposé à l'avant-toit, d'autre part celui que les solives se rompent au niveau du mur à partir duquel elles s'avancent en porte-à-faux. > III. 24

Le concepteur structure devra donc envisager non seulement le cas de charge : « neige sur tout le bâtiment », mais aussi le cas : « neige seulement sur l'avant-toit », l'un et l'autre présentant en effet des risques différents. Dans un premier temps, il s'agira de faire l'inventaire des différents cas de charge possibles. En superposant les diagrammes des moments des différents cas de charge, on pourra lire la valeur de la solli-citation maximale susceptible d'affecter chaque point de la structure. Le contour extérieur d'un tel graphique, appelé courbe enveloppante, montre quel cas de charge est déterminant pour quel point. Dans l'illustration

Courbe enveloppante

24, on voit que le plus grand moment positif se produit dans le cas de charge 2, mais que le plus grand moment négatif survient dans le cas de charge 1. Le cas de charge 3 ne produit pour sa part aucune valeur maximale.

DIMENSIONNEMENT

Le déroulement d'un calcul statique correspond à l'ordre des chapitres précédents. Une fois le système statique déterminé, on établit des hypothèses de charges et on calcule les efforts externes, puis internes auxquels sont soumis les différents éléments de la structure.

Il serait bien agréable de pouvoir calculer directement les sections requises. Les choses ne sont hélas pas si simples, car tous les éléments interviennent eux-mêmes dans le calcul en tant que charges. Cela signifie qu'on devra en avoir défini les dimensions dès l'établissement des hypothèses de charges, de manière à pouvoir intégrer leur poids propre dans le calcul. S'il se révélait, en cours de résolution, que tel ou tel élément n'était pas assez résistant tel qu'on l'avait prévu, on devrait tout reprendre depuis le début. Même si tout le travail effectué n'en serait pas perdu pour autant, on aura intérêt à procéder à un prédimensionnement approximatif mais réaliste des éléments, c'est-à-dire à en déterminer les dimensions à l'aide de formules empiriques. > Annexes, Formules de prédimensionnement

Résistance

Après avoir déterminé les efforts générés, on s'intéressera à la capacité porteuse des éléments de structure. Celle-ci dépend d'une part du matériau, d'autre part de la section de l'élément considéré.

Lorsque l'on développe une structure, la première chose à faire consiste à définir le matériau dont elle sera faite. Chaque matériau de construction a ses avantages et ses inconvénients, l'un des aspects les plus importants étant sa résistance. Les structures à câbles sont par exemple résistantes à la traction, mais pas à la compression. La maçonnerie, à l'inverse, résiste à la compression, mais pas à la traction. Les constructions en bois, en acier ou en béton armé résistent, elles, non seulement à la compression et à la traction, mais aussi au cisaillement.
> Chap. Efforts externes, Types de sollicitations

Nous avons déjà constaté que la flexion générait à la fois des efforts de compression et de traction. Par conséquent, seuls les matériaux capables de résister aux deux types de sollicitations pourront être utilisés pour des éléments sollicités en flexion (poutres en bois ou en acier, par exemple).

Contraintes

Les matériaux se différencient en outre par leur capacité à reprendre des efforts plus ou moins importants. Leur performance se mesure à la force qu'ils peuvent reprendre par unité de surface. Le rapport force/surface est appelé contrainte, celle-ci étant désignée par le symbole σ.

$$\sigma = \frac{F\,[kN]}{A\,[m^2]}$$

Pour comprendre la notion de résistance, il est nécessaire de se référer à <u>la loi de Hooke</u> (Robert Hooke, 1635–1703), selon laquelle la déformation est, dans le domaine élastique, proportionnelle à la contrainte exercée. Que cela signifie-t-il pour le matériau ? Tout matériau, bois, acier, béton armé ou maçonnerie, est plus ou moins élastique. Lorsqu'un élément est soumis à une charge, il se produit des contraintes provoquant des déformations proportionnelles du matériau. Lorsque l'on étire une poutre, elle s'allonge. Si l'on double la charge, l'allongement doublera également. Si l'on diminue à nouveau la charge, la déformation diminuera d'autant. Cette loi simple ne vaut cependant que jusqu'à un certain point. Si la contrainte est trop élevée, en effet, le matériau réagit de façon non plus élastique, mais plastique, les déformations provoquées étant alors irréversibles. À partir de ce point, l'élément de structure commence à subir des dommages. Si l'on augmente encore la charge, il défaillira tout à fait, chaque matériau ayant cependant un comportement de défaillance différent. L'intensité de la contrainte qu'un matériau peut reprendre avant de se déformer plastiquement et de défaillir est une caractéristique inhérente au matériau, qui n'a rien à voir avec la géométrie de l'élément considéré. Lorsque l'on conçoit une structure, il est fondamental de veiller à ce que la contrainte maximale admissible ne soit jamais atteinte, même sous une sollicitation extrême. Les contraintes qu'un matériau donné est à même de reprendre sont déterminées par des essais en laboratoire, lors desquels les éventuelles variations de qualité du matériau doivent être prises en compte. Les valeurs ainsi obtenues, appelées contraintes admissibles, sont répertoriées dans des tables. > Annexes, Références bibliographiques

Chaque matériau étant par ailleurs disponible en différentes qualités présentant des contraintes admissibles spécifiques, on définit ce que l'on appelle des classes de résistance. Ainsi le béton simple et le béton haute résistance se différencient-ils par exemple par leur classe de résistance. Le contrôle de la capacité porteuse d'un élément de structure se fonde toujours sur le principe selon lequel les contraintes générées doivent être inférieures aux contraintes admissibles. Ces dernières étant fournies par des tables, l'essentiel du travail consiste à déterminer les contraintes effectives. Si un élément n'est sollicité que par un effort normal, cette contrainte sera facile à calculer, puisqu'elle correspondra à la force normale exercée, rapportée à l'aire de la section de l'élément. Si le résultat obtenu est inférieur à la contrainte admissible, c'est que l'élément est dimensionné correctement. Malheureusement, ce contrôle très simple est rarement suffisant. Car s'il permet de dimensionner des câbles, capables de reprendre uniquement des efforts de traction, c'est la sollicitation en flexion qui est déterminante pour la plupart des éléments de structure.

Moment de résistance
Le principe voulant que les contraintes effectives soient inférieures aux contraintes admissibles s'applique aussi aux poutres sollicitées en

Robert Hooke, 1635–1703

Contraintes admissibles

Classes de résistance

Diagramme des contraintes

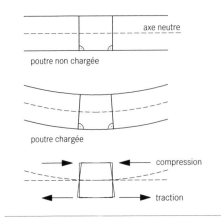

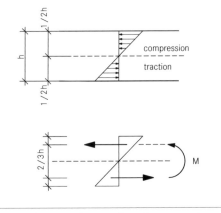

III. 25 : Déformation par flexion

III. 26 : Diagramme des contraintes dans une poutre sollicitée en flexion

flexion. Nous avons vu que la flexion générait des contraintes de compression sur une face de la poutre et des contraintes de traction sur l'autre. Mais quelle est l'intensité de ces contraintes, et comment leur diagramme se présente-t-il ? Pour répondre à ces questions, considérons une poutre non chargée, sur laquelle sont tracés deux traits verticaux. Lorsque la poutre fléchit sous une charge, ces deux marques se rapprochent à la manière des côtés inclinés d'un trapèze, mais restent rectilignes. > III. 25 Les contraintes étant, selon la loi de Hooke, proportionnelles aux déformations, il en résulte un diagramme des contraintes lui aussi rectiligne, allant de la contrainte de traction maximale exercée sur le bord inférieur de la poutre jusqu'à la contrainte de compression maximale exercée sur le bord supérieur, en passant par le plan médian, exempt de contraintes. Comme le montre l'illustration 26, les contraintes de compression et de traction décrivent deux triangles, qu'il est possible de ramener à deux résultantes passant par leurs centres de gravité, distants des deux tiers de la hauteur de la section. Cette distance représente le bras de levier des moments internes qui s'opposent aux charges, et dont dépend donc la capacité porteuse de la poutre. Plus la poutre est haute, plus le bras de levier des contraintes internes est important et plus la poutre est stable.

Plan neutre

La résistance de la poutre à la flexion dépend toutefois non seulement de la longueur de ce bras de levier, mais aussi de la largeur de la section. Cette résistance est indiquée par le moment de résistance, dépendant cette fois non pas du matériau, mais de la géométrie de la poutre. Pour les sections rectangulaires, très courantes dans la construction en bois, le moment de résistance W vaut par exemple : $W = b \cdot h^2 / 6$.

Il vaut la peine d'examiner cette formule de plus près. On voit en effet que la hauteur h y est élevée au carré, alors que la largeur b n'y représente qu'un facteur simple. Cela explique ce que l'observation nous avait déjà appris, à savoir qu'une section rectangulaire sur chant est plus performante qu'une section carrée ou qu'un profilé rectangulaire posé à plat. Plus précisément, une section dont on double la largeur sera deux fois plus résistante, tandis que la résistance d'une section dont on double la hauteur sera multipliée par quatre.

Pour dimensionner une poutre de section rectangulaire, par exemple une solive, il s'agit de calculer son moment de résistance au moyen de la formule ci-dessus. Les sections rondes ou composées, comme celles des profilés en acier, sont, elles, plus difficiles à dimensionner. Aussi existe-t-il des tables indiquant les valeurs des moments de résistance correspondants.

À la différence des moments au sens où nous les avons définis au chapitre « Forces et efforts », le moment de résistance ne se réfère pas à une force isolée et à son bras de levier par rapport à un point donné, mais, étant donné que l'on considère ici une section transversale, à des portions de surface et à leur bras de levier par rapport à l'axe neutre.

> III. 26

Moment d'inertie

Pour comprendre ce qu'est le moment d'inertie, le plus simple est d'en considérer l'effet. Alors que le moment de résistance exprime, comme son nom l'indique, la résistance d'une poutre aux moments fléchissants, le moment d'inertie se rapporte à sa flèche et décrit la rigidité de sa section.

Comme le moment de résistance, le moment d'inertie est basé sur la répartition des contraintes au sein de la section fléchie, les portions de surface fortement comprimées ou étirées situées au niveau des bords étant plus efficaces que celles situées dans la région de l'axe neutre. La distance des différentes portions de surface par rapport à l'axe neutre revêt cependant ici une importance plus grande encore que dans le cas du moment de résistance. Le moment d'inertie est égal à la somme de toutes les portions de surface de la section, multipliée par le carré de leur distance par rapport à l'axe neutre.

Le moment d'inertie d'une section rectangulaire est donné par la formule $I = b \cdot h^3 / 12$. La hauteur de la section est ici élevée au cube, ce qui signifie que la flèche d'une section de largeur constante dont on double la hauteur diminuera d'un facteur huit.

Le moment d'inertie permet de calculer la flèche susceptible d'affecter une poutre. Bien qu'il soit en premier lieu nécessaire de dimensionner les éléments de structure de manière à ce qu'ils présentent une résistance suffisante, on devra aussi vérifier que leur flèche ne dépasse pas le maximum admissible.

Flèche

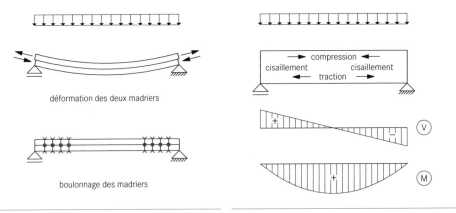

déformation des deux madriers

boulonnage des madriers

compression

cisaillement cisaillement

traction

V

M

III. 27 : Effet des efforts de cisaillement

III. 28 : Zones de contrainte dans une poutre sollicitée en flexion

Contrainte de cisaillement

L'exemple suivant nous permettra d'expliquer en quoi consistent les contraintes de cisaillement. Sur deux appuis, on empile deux madriers et on les charge. Les madriers fléchissent et glissent l'un contre l'autre. > III. 27 et 28 Pour augmenter leur capacité porteuse, il s'agit de les solidariser, une unique section de grande hauteur étant en effet plus résistante que deux sections superposées présentant, au total, la même hauteur. > Chap. Dimensionnement, Moment de résistance et Moment d'inertie Comment faire ? Une possibilité consiste à percer les madriers à l'état non chargé et à les assembler solidement au moyen de boulons.

Se pose dès lors la question de savoir quels efforts ces boulons devront reprendre et comment ces efforts sont générés. Il est facile de répondre à la première partie de la question : le glissement des madriers est dû aux efforts de cisaillement. Pour comprendre d'où viennent ces efforts, examinons une poutre soumise à une charge linéaire uniformément répartie. > III. 28 À mi-travée, la face inférieure de la poutre est soumise à la plus forte contrainte de traction, sa face supérieure à la plus forte contrainte de compression. Ces contraintes diminuent avec le moment fléchissant à mesure que l'on se rapproche des appuis, où le moment est nul. Or que sont ici devenus les efforts, qui ne sauraient tout bonnement disparaître ? Si les contraintes de compression et de traction s'annulent au niveau des appuis, c'est grâce aux efforts de cisaillement, qui augmentent à mesure que les efforts de flexion diminuent.

Alors que l'on est renseigné sur l'intensité des contraintes de flexion par le diagramme des moments fléchissants, les contraintes de cisaillement sont proportionnelles aux efforts tranchants, qui, dans une poutre simple soumise à une charge linéaire, augmentent en direction des appuis. > Chap. Efforts interntes, Effort tranchant

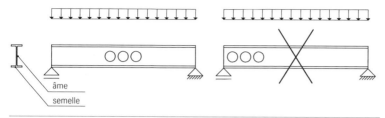

III. 29 : Réservations pour conduites dans une poutre en I sollicitée en flexion

De manière générale, on peut dire, à propos de telles poutres, que les contraintes de flexion maximales se produisent à mi-travée, sur les bords supérieur et inférieur de la section, > Chap. Efforts internes, Moment fléchissant et que les contraintes de cisaillement maximales sont générées au niveau des appuis. C'est pour cette raison qu'il est parfois nécessaire de renforcer à leurs extrémités les poutres en bois, matériau en effet très sensible aux efforts de cisaillement.

Prenons un autre exemple encore. Les profilés métalliques en I, très courants, sont conçus de telle manière que leurs semelles reprennent respectivement les efforts de compression et de traction et leur âme les efforts de cisaillement. Profilés en I

Aussi, si l'on souhaite découper dans l'âme d'une poutre simple en I des trous permettant de faire passer des conduites techniques, on le fera de préférence au milieu de la poutre, où les efforts déterminants, dus à la flexion, sont repris par les semelles. On évitera en revanche de pratiquer des réservations à proximité des appuis, où l'âme est fortement sollicitée par les efforts de cisaillement. > III. 29 ∎

> ∎ **Astuce:** Le passage des conduites électriques, d'eau claire, d'eaux usées et, surtout, de ventilation, peut avoir d'importantes répercussions sur la conception d'une structure porteuse. Aussi devrait-on le déterminer le plus tôt possible avec l'ingénieur structure. En principe, on cherchera à minimiser le nombre d'intersections entre installations techniques et éléments de structure.

Éléments de structure

CONSOLES, POUTRES SIMPLES, POUTRES AVEC PORTE-À-FAUX

Dans la première partie de cet ouvrage, nous avons pris, pour expliquer les notions de charges et d'efforts, les exemples de la console et de la poutre simple. Ces deux systèmes constituant la base de la plupart des structures plus complexes, il vaut la peine de récapituler leurs avantages et inconvénients respectifs.

Une console (parfois aussi appelée poutre cantilever) peut être comparée à un long levier permettant de soulever de lourdes charges. Aussi le principal problème de ce type d'élément est-il l'effet de levier au niveau de l'encastrement, où surviennent en effet, comme le montre l'illustration 30, le moment et l'effort tranchant maximaux. Dans la construction en bois, aucun assemblage par clouage ou vissage n'est capable de reprendre de tels efforts, à moins que la partie encastrée ne présente une longueur suffisante. Un encastrement est en revanche facile à réaliser dans un mur massif, le risque étant toutefois que le levier, s'il est long et si la partie de mur pesant sur l'encastrement n'est pas assez lourde, soulève la maçonnerie. Lorsque l'on examine les diagrammes des moments et des efforts tranchants, on voit qu'une console soumise à une charge linéaire uniformément répartie doit être dimensionnée en fonction des efforts agissant au niveau de l'encastrement, mais que la section ainsi obtenue est excessive pour le reste de la console. Aussi est-il en général judicieux, pour économiser de la matière, de réduire progressivement la hauteur de la poutre à mesure que l'on s'approche de son extrémité libre.

La poutre simple est probablement le plus utilisé des systèmes porteurs, mais il convient, ici encore, d'en examiner de plus près les

Console

Poutre simple

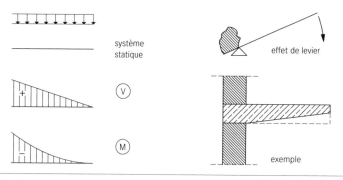

système statique

effet de levier

$\widehat{V}$

$\widehat{M}$

exemple

III. 30 : Console

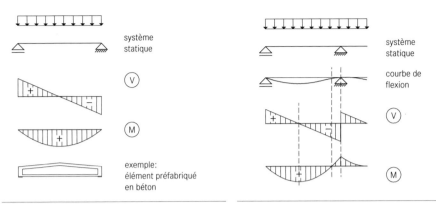

III. 31 : Poutre simple **III. 32 : Poutre avec porte-à-faux**

caractéristiques. On recourt la plupart du temps à des poutres en bois, en acier ou en béton de section constante, parce que leur fabrication est simple et bon marché, et que leurs faces inférieure et supérieure ont l'avantage de former un plan. De telles poutres ne sont toutefois pleinement exploitées qu'au point où intervient le moment maximal, le plus souvent à mi-travée. Il peut donc se révéler judicieux, là aussi, d'adapter la section des poutres au diagramme des moments fléchissants, en la dessinant plus haute à mi-travée qu'au niveau des appuis. > III. 31 et Chap. Efforts internes, Moment fléchissant

Le bois étant un matériau organique, capable de reprendre des efforts bien moindres perpendiculairement au sens de ses fibres que parallèlement à celui-ci, il est très sensible aux efforts de cisaillement. Aussi une poutre en bois sera-t-elle pleinement exploitée, dans un cas de figure favorable, à trois endroits : en son milieu par rapport au moment fléchissant et à ses deux extrémités par rapport aux efforts de cisaillement. > Chap. Dimensionnement, Contrainte de cisaillement

Poutre avec porte-à-faux

Du point de vue statique, la poutre avec porte-à-faux constitue un système très économique, car elle combine les deux précédents de telle manière que leurs inconvénients respectifs s'annulent. Problématique dans le cas de la console, l'encastrement ne l'est plus dans une poutre avec porte-à-faux, car sa longueur correspond à celle de la travée, en principe supérieure à celle du porte-à-faux proprement dit. Ce qui est ici déterminant, c'est ce qui se passe au-dessus de l'appui situé du côté du porte-à-faux. C'est en effet à cet endroit que le porte-à-faux est soumis au moment fléchissant maximal, dont la valeur est négative. > III. 32

Dans une poutre simple, le moment positif atteint son maximum à mi-travée et décroît jusqu'aux appuis, où il est nul. Comment les diagrammes de la console et de la poutre simple se combinent-ils dans le cas d'une poutre avec porte-à-faux? Pour le savoir, examinons comment se déforme la poutre sous l'action d'une charge. Le porte-à-faux plie vers le bas et la poutre fléchit à mi-travée. Mais, alors que la tangente de la courbe de flexion est oblique au niveau de l'articulation située à l'extrémité du système, elle est horizontale au niveau de l'autre appui. Cela signifie que le point d'inflexion de la courbe de flexion se déplace de l'appui à un point de la travée. > III. 32

Courbe de flexion

C'est aussi ce que reflète le diagramme des moments fléchissants, le moment négatif maximal se situant au-dessus de l'appui à partir duquel s'élance le porte-à-faux. Le moment négatif s'exerçant au-dessus de l'appui, appelé moment sur appui, diminue progressivement jusqu'à ce qu'intervienne, entre les appuis, un moment positif appelé moment en travée. Du fait du moment sur appui dû au porte-à-faux, le moment en travée est moins important que dans le cas d'une poutre simple. Le porte-à-faux décharge donc la partie de la poutre comprise entre les appuis, si bien que l'élément peut présenter des dimensions plus modestes qu'une poutre simple de même portée.

Moment sur appui / moment en travée

○

POUTRES CONTINUES

Les poutres continues s'étendent sur plusieurs travées, leur désignation plus précise dépendant du nombre de ces dernières. Une poutre continue à deux travées possède trois appuis, une poutre continue à trois travées quatre, etc. De tels systèmes constituent le prolongement logique de ce qui vient d'être expliqué. Comme dans une poutre avec porte-à-faux, tous les appuis intermédiaires d'une poutre continue sont soumis à un moment sur appui réduisant les moments en travée. Les points d'inflexion de la courbe de flexion correspondent aux points du diagramme des moments fléchissants où ceux-ci sont nuls. Ainsi la courbe de flexion fournit-elle des indications sur le diagramme des moments internes, même si l'une et l'autre n'ont pas la même forme. > III. 33 et Chap. Efforts internes, Moment fléchissant

■ **Astuce:** Les sections rectangulaires en bois ne devraient être ni trop larges, ni trop élancées. Les sections les plus judicieuses sont celles présentant un rapport largeur/hauteur compris entre 2:3 et 1:3. Il existe des tables de construction indiquant les sections des bois de stockage disponibles dans le commerce. Utilisables telles quelles, ces sections standardisées n'ont pas besoin d'être découpées sur mesure, ce qui exigerait de la part du charpentier un surcroît de travail.

○ **Remarque:** Un moment positif (moment en travée) génère un effort de traction dans la partie inférieure de la poutre et un effort de compression dans sa partie supérieure. Dans le cas d'un moment négatif (moment sur appui), c'est l'inverse (voir Chap. Efforts internes, Moment fléchissant).

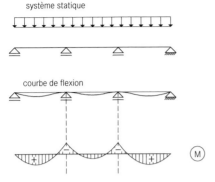

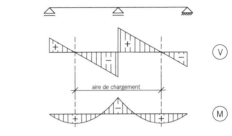

III. 33 : Poutre continue à trois travées

III. 34 : Aire de chargement d'un appui intermédiaire

L'avantage des poutres continues réside donc dans le fait que les moments sur appuis réduisent les moments en travée, et par conséquent les dimensions des sections requises, l'effet de continuité permettant ainsi de substantielles économies de matériau.

Effet de continuité

De prime abord, on pourrait croire qu'un appui intermédiaire doive supporter une charge deux fois plus importante qu'un appui de rive. Ce n'est toutefois pas le cas. En effet, la limite entre les aires de chargement correspondantes ne se situe pas à mi-travée, mais là où l'effort tranchant est nul et le moment en travée maximal. Aussi la charge que reprend un appui intermédiaire est-elle plus de deux fois supérieure à celle que reprend un appui de rive. > III. 34

POUTRES GERBER

Nous avons vu que les poutres continues permettaient d'économiser du matériau par rapport aux poutres simples. Mais comment tirer parti de cet avantage dans la construction en bois, par exemple, où la longueur des poutres n'est, par nature, pas illimitée ? Si l'on pose une poutre par travée, on obtiendra une succession de poutres simples n'exploitant justement pas l'effet de continuité. Or l'examen du diagramme des moments d'une poutre continue fait apparaître une autre possibilité,

Point de moment nul

consistant à assembler les différentes poutres aux points de moment nul. Un tel système, appelé poutre Gerber, permet non seulement de conserver l'effet de continuité, mais aussi de prévoir des joints entre poutres sans que la courbe des moments s'en trouve modifiée. Dans la construction en bois, un tel joint représente, comme presque tous les nœuds, une articulation, et l'on sait qu'au niveau d'une articulation, le moment de flexion est forcément nul. > III. 35 et 36

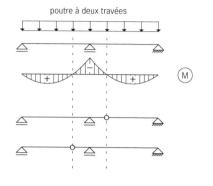

poutre à deux travées

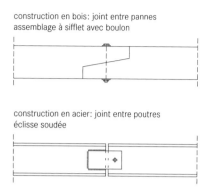

construction en bois: joint entre pannes
assemblage à sifflet avec boulon

construction en acier: joint entre poutres
éclisse soudée

III. 35 : Poutre Gerber

III. 36 : Exemples de liaisons articulées entre éléments

Les articulations ainsi introduites exercent cependant sur le système un autre effet encore, qui révèle une différence fondamentale entre poutres continues et poutres Gerber. Que se passerait-il si l'un des appuis d'une poutre continue s'affaissait pour une raison quelconque ? La poutre devrait se plier pour continuer de reposer sur tous ses appuis, ce qui générerait des contraintes dans l'élément. Si un tel tassement se produisait dans le cas d'une poutre Gerber, les articulations intermédiaires empêcheraient l'apparition de contraintes dans la poutre. On qualifie d'hyperstatiques les structures dans lesquelles se produisent des contraintes si un appui subit un déplacement, d'isostatiques celles où ce n'est pas le cas. > III. 37

Ainsi, les consoles et les poutres simples, auxquelles cette distinction s'applique aussi, sont-elles des systèmes isostatiques. Le fait qu'un système porteur soit isostatique ou hyperstatique dépend du nombre et du type de ses appuis, ainsi que du nombre de ses articulations. L'ajout du nombre d'articulations voulu permet de transformer un système hyperstatique en un système isostatique. La prudence est toutefois de rigueur, car une articulation de trop rendra le système instable (mécanisme).

Hyperstaticité / isostaticité

En examinant de plus près une poutre à trois travées soumise à une charge linéaire uniforme, on constate qu'il faudrait deux articulations pour que n'importe quel appui puisse s'abaisser ou s'élever sans provoquer de contraintes, c'est-à-dire pour que le système devienne isostatique. Le diagramme des moments fléchissants présentant quatre points de moment nul, il y a ici plusieurs possibilités de placer les articulations > III. 38

Poutre à trois travées

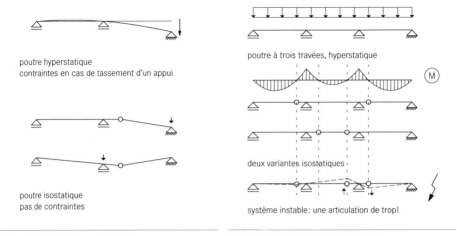

poutre hyperstatique
contraintes en cas de tassement d'un appui

poutre à trois travées, hyperstatique

(M)

poutre isostatique
pas de contraintes

deux variantes isostatiques

système instable: une articulation de trop!

III. 37 : Isostaticité/hyperstaticité

III. 38 : Disposition des articulations

En quoi les systèmes hyperstatiques se distinguent-ils, dans la pratique, des systèmes isostatiques ? Les premiers offrent une sécurité légèrement plus élevée, ce qui s'explique précisément par le critère de distinction décrit ci-dessus : si l'un des appuis d'une poutre continue devait par exemple défaillir, il y aurait une chance pour que l'élément, prenant encore appui sur ceux restés intacts, ne s'effondre pas. Il n'en irait pas ainsi dans le cas d'un système isostatique, comme par exemple une poutre simple. Les systèmes hyperstatiques ne peuvent cependant pas être résolus à l'aide des conditions d'équilibre, d'autres méthodes de calcul, plus compliquées, étant ici requises.

POUTRES SOUS-TENDUES

Le principal critère de choix d'un système porteur est la portée à franchir. À cet égard, on peut déterminer pour chaque type de structure une fourchette judicieuse, au-delà de laquelle le système continuerait certes de fonctionner, mais deviendrait peu économique. Ainsi les poutres simples en bois restent-elles économiques jusqu'à des portées comprises entre 5 et 6 m. Au-delà, des mesures supplémentaires sont nécessaires. Lorsqu'il ne sera pas possible de faire reposer la poutre sur un poteau intermédiaire, on pourra par exemple la munir d'un montant transmettant les charges aux appuis par le biais d'un sous-tirant. > III. 39 Ce dernier pressera le montant contre la poutre comme le ferait la corde d'un arc tendu, si bien que le montant, quoique ne descendant pas jusqu'au sol, fonctionnera comme un poteau comprimé. Un tel système est appelé poutre sous-tendue.

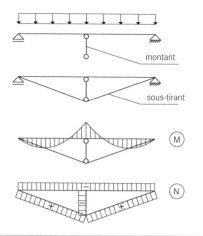

III. 39 : Poutre sous-tendue

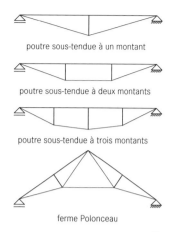

poutre sous-tendue à un montant

poutre sous-tendue à deux montants

poutre sous-tendue à trois montants

ferme Polonceau

III. 40 : Exemples de poutres sous-tendues

Pour augmenter la portée de la poutre, il est possible de prévoir deux ou trois montants, les efforts agissant à l'intérieur des différents éléments du système augmentant toutefois en conséquence. > III. 40 Comment ces éléments sont-ils sollicités? Le montant, qui soutient la poutre, travaille en compression; le sous-tirant, composé la plupart du temps de câbles ou de barres en acier, est soumis à un effort de traction et la poutre elle-même, initialement sollicitée uniquement en flexion, est soumise à un effort de compression supplémentaire, s'opposant à l'effort de traction généré dans le sous-tirant.

En combinant montants et sous-tirants, on peut aussi construire des systèmes plus sophistiqués. Un exemple est la ferme Polonceau, du nom de son inventeur Jean B.-C. Polonceau (1813–1859). > III. 40 bas

Ferme
Polonceau

On peut résumer comme suit le fonctionnement d'une poutre sous-tendue : la poutre simple est transformée en un système complexe, où la sollicitation déterminante est due non plus à des moments fléchissants, mais à des efforts de compression et de traction repris par différents éléments très espacés les uns des autres. Dans les explications consacrées au moment fléchissant, nous avons parlé du bras de levier entre les portions de surface sollicitées en compression et celles sollicitées en traction. Dans une poutre sous-tendue, ce bras de levier est considérablement allongé, ce qui accroît sensiblement la performance du système. > Chap. Dimensionnement, Moment de résistance

III. 41 : Treillis en acier

TREILLIS

Pour diverses raisons, une poutre sous-tendue à plus de trois montants est peu judicieuse. Si chaque montant est cependant directement relié à la poutre par des diagonales tendues, on a affaire à un nouveau système, appelé poutre treillis, permettant de franchir des portées bien plus importantes encore. Dans les poutres treillis, les éléments sollicités en traction se présentent la plupart du temps sous forme non pas de câbles, mais de pièces de bois ou de profilés en acier. Les poutres treillis sont des systèmes très courants et performants, qu'il est possible d'adapter aux exigences de chaque situation. On peut les construire en quasiment n'importe quel matériau et les barres peuvent être disposées de multiples façons. > III. 42

Diagonales
tendues

Dans les exemples présentés jusqu'ici, les diagonales étaient conçues, sur le modèle du sous-tirant, comme des barres travaillant en traction. On peut cependant tout aussi bien les disposer de manière à ce

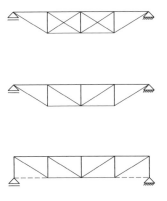

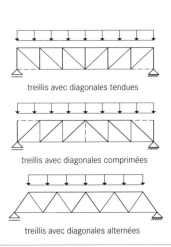

treillis avec diagonales tendues

treillis avec diagonales comprimées

treillis avec diagonales alternées

III. 42 : Poutre sous-tendue – poutres treillis

III. 43 : Sollicitation des diagonales dans une poutre treillis

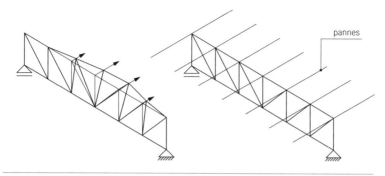

III. 44 : Flambage de la membrure supérieure d'un treillis empêché par des pannes

qu'elles travaillent en compression. Pour déterminer le type d'effort auquel sont soumises les diagonales d'une poutre treillis, il faut se demander si elles fonctionnent comme un arc sollicité en compression, qui remplacerait la poutre, ou comme un câble fixé à ses extrémités, sollicité en traction. Une poutre treillis peut aussi se composer uniquement de diagonales dont la direction alterne, les unes étant sollicitées en traction et les autres en compression. Au milieu de la poutre, la disposition des diagonales reste la même, mais leur sollicitation s'inverse selon un axe de symétrie vertical.

Diagonales comprimées

Diagonales alternées

Les poutres treillis peuvent comporter des barres qui, bien que ne participant pas directement à la reprise des charges et ne travaillant donc ni en compression ni en traction, remplissent une fonction constructive indispensable, pouvant par exemple consister à compléter le contour de la poutre ou à maintenir celle-ci en place. Dans les illustrations, nous avons représenté les barres comprimées par des traits gras, les barres tendues par des traits fins et les barres à effort nul en traitillé. > III. 43

Barres à effort nul

Si la hauteur et la longueur d'une poutre treillis sont déterminées par sa portée, sa largeur ne dépend que des profilés choisis. Ces derniers étant la plupart du temps très élancés, ceux sollicités en compression sont sujets au flambage, en particulier la membrure supérieure du treillis. > III. 44

Ce problème peut être résolu de différentes manières. L'une consiste à empêcher tout mouvement latéral des membrures supérieures en les reliant à une dalle ou à des pannes longitudinales. Une autre solution est de rendre les membrures elles-mêmes assez rigides pour résister au flambage. Si l'on ajoute par ailleurs à la poutre une seconde membrure supérieure et qu'on relie celle-ci à la première par des barres de treillis, on obtient une poutre à trois membrures, rigide dans toutes les directions. > III. 45

Pannes

Poutre à trois membrures

■

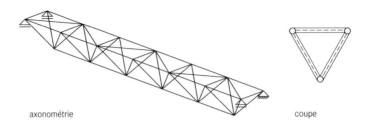

axonométrie   coupe

III. 45 : Poutre à trois membrures

DALLES

Les structures en bois et en acier sont presque toujours des systèmes orientés, c'est-à-dire que leurs barres reprennent toujours les charges dans une direction donnée. Le béton permet en revanche de concevoir des éléments surfaciques, ne présentant, sur le plan statique, aucune orientation dominante.

Béton armé — En tant que « pierre artificielle » composée de ciment, d'eau et d'agrégats tels que gravier ou gravillon, le béton présente une très bonne résistance à la compression, mais ne peut, comme la maçonnerie, reprendre que de faibles efforts de traction. Aussi est-il la plupart du temps mis en œuvre en association avec l'acier. Dans ce matériau composite, le béton assure la reprise des efforts de compression et l'acier celle des

Armature — efforts de traction. Dans les chapitres consacrés aux différents types de poutres, nous avons expliqué où survenaient, dans de tels éléments, les efforts de traction. C'est précisément là que sont placés les fers d'armature dans le béton armé. Les dalles doivent surtout être armées au niveau de leur face inférieure et de leurs rives. Si une dalle s'étend cependant sur plusieurs travées, à la manière d'une poutre continue, des fers d'armature seront aussi nécessaires en partie supérieure. Lors du bétonnage d'une dalle, les fers sont la plupart du temps posés sous forme de nattes d'armature croisées et soudées, que le béton devra, pour assurer une liaison solidaire entre les deux matériaux, enrober entièrement. L'épais-

■ **Astuce:** On veillera à concevoir les nœuds des poutres treillis de telle manière que les profilés – plus précisément leurs axes – se coupent en un même point. Cela permettra en effet d'éviter que les nœuds soient soumis à des efforts qui les tordent et les sollicitent encore davantage.

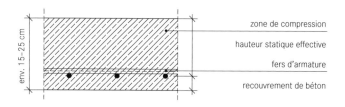

	zone de compression
	hauteur statique effective
env. 15–25 cm	fers d'armature
	recouvrement de béton

III. 46 : Coupe d'une dalle en béton armé avec lits d'armature inférieurs

seur d'une dalle est en général comprise, en fonction de sa portée, entre 15 et 25 cm. > III. 46

Les dalles en béton armé sont pratiquement les seuls éléments de structure à pouvoir être non orientés. Une dalle couvrant un local à plan carré peut transmettre ses charges aux quatre murs en même temps. Si la dalle est rectangulaire, cependant, le report des charges s'effectuera principalement dans le sens de la petite portée, laquelle subirait en effet, dans le cas d'un fléchissement uniforme, un étirement et donc des contraintes plus importants que la grande. Dans le cas d'une dalle deux fois plus longue que large, les charges reprises dans le sens longitudinal sont quasiment négligeables. La dalle est néanmoins toujours armée non seulement dans la direction portante principale, mais aussi dans la direction perpendiculaire. Une armature bidirectionnelle présente en effet certains avantages, comme celui de mieux répartir les charges ponctuelles et de minimiser ainsi les efforts générés dans la dalle.

Plus la portée de la dalle est grande, plus celle-ci devra être épaisse. Une dalle plate massive de plus de 25 cm d'épaisseur possède cependant un poids propre tellement important qu'elle n'est plus guère économique. Strictement parlant, seuls ont un effet porteur le bord supérieur de la dalle, reprenant les contraintes de compression, et les fers d'armature, reprenant les contraintes de traction. Le reste de la construction n'assume qu'une fonction de solidarisation et de remplissage. Aussi pourra-t-on réduire le poids propre d'une dalle de grande portée en enlevant de la matière entre son bord inférieur et sa zone supérieure, statiquement efficace. L'armature se concentrera dès lors dans des nervures peu espacées, permettant à la dalle de franchir des portées bien plus importantes que ne le peut une dalle plate. Dalles nervurées

Pour franchir de grandes portées, une autre possibilité consiste à prévoir des sommiers, qui, à la différence des nervures, ne font pas partie de la dalle proprement dite, mais sont assimilables à des poutres supportant la dalle. > III. 47 et III. 69, p. 63 Sommiers

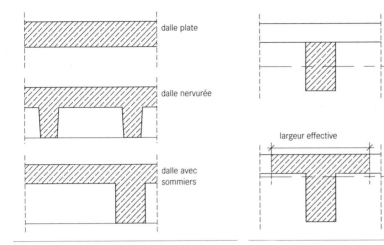

III. 47 : Types de dalles en béton armé

III. 48 : Effet d'une poutre-dalle

Poutres-dalles Dans le cas de structures en béton coulé sur place, cependant, les sommiers exploitent les avantages de la construction monolithique, dans le sens où tous les éléments en béton constituent ici une structure continue, même s'ils ont été coulés en différentes étapes. Le fonctionnement statique d'une telle construction fait donc intervenir non seulement la hauteur statique des sommiers, mais aussi l'épaisseur de la dalle. En outre, les portions de dalle situées de part et d'autre de chaque sommier accroissent la zone de compression. On parle dans un tel cas de poutres-dalles. > III. 48

POTEAUX

À la différence des poutres horizontales, les supports verticaux sont principalement sollicités non pas en flexion, mais en compression. Les efforts normaux générés pourraient en principe être repris par des sections très réduites, si les poteaux ne risquaient pas de fléchir latéralement et de défaillir.

Flambage Le phénomène, appelé flambage, menace les poteaux élancés, l'ampleur du risque dépendant de divers facteurs, tels que leur matériau, leur élancement et les charges auxquelles ils sont soumis. Le mathématicien suisse Leonhard Euler (1707–1783) a découvert comment les conditions d'appui d'un poteau influaient sur son comportement en flambage. À cet Cas d'Euler égard, il a recensé quatre cas, selon que les appuis supérieur et inférieur du poteau sont encastrés, articulés ou libres. Un poteau qui flambe prend la forme d'une courbe sinusoïdale. Son mode de fixation influe sur la longueur de cette courbe, plus précisément sur la distance séparant ses

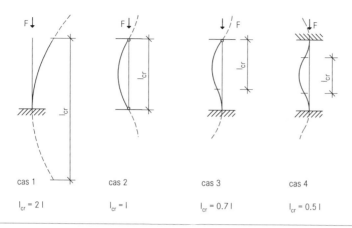

cas 1   cas 2   cas 3   cas 4

$l_{cr} = 2\,l$ $l_{cr} = l$ $l_{cr} = 0.7\,l$ $l_{cr} = 0.5\,l$

III. 49 : Longueurs critiques de flambage selon Euler

points d'inflexion. Cette distance, à son tour déterminante pour la stabilité de l'élément, est appelée <u>longueur critique de flambage</u>.

L'illustration 49 présente les quatre cas recensés par Euler pour un poteau de longueur constante. Le cas 1 décrit les conditions d'appui d'un mât de drapeau, encastré à une extrémité et libre à l'autre : la courbe de déformation est très longue, ce qui nuit à la stabilité du mât. Le cas 2, très courant, est celui d'un poteau dont les deux extrémités sont articulées. Ici, la courbe de déformation est plus courte et le poteau par conséquent plus stable que dans le cas précédent. Dans le cas 3, le poteau est encastré à l'une de ses extrémités. Cet encastrement l'empêche de pivoter et réduit donc la longueur de la courbe sinusoïdale déterminant la longueur critique de flambage. Le cas 4, où le poteau est encastré à ses deux extrémités et présente donc la longueur critique de flambage la plus faible, est le cas où l'élément est le plus stable.   ○

○ **Remarque:** Le comportement en flambage décrit par Euler présuppose un matériau résistant à la traction et à la compression, comme l'acier ou le bois. Ce modèle n'est pas approprié au dimensionnement de piliers en maçonnerie ou en béton.

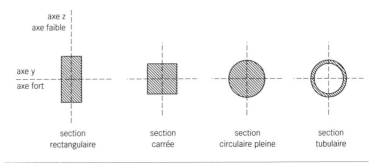

axe z
axe faible

axe y
axe fort

section rectangulaire

section carrée

section circulaire pleine

section tubulaire

III. 50 : Sections de poteaux

Élancement Un autre facteur déterminant pour la stabilité d'un poteau est son élancement. Il convient de préciser que ce terme ne désigne pas ici le rapport entre la longueur et l'épaisseur de l'élément, mais fait intervenir sa stabilité, en tant que relation entre son moment d'inertie et l'aire de sa section. Par ailleurs, ce n'est pas sa longueur réelle qui est déterminante, mais sa longueur critique de flambage selon Euler. L'élancement d'un poteau est donc le rapport entre sa résistance à la flexion et sa longueur critique de flambage.

En se basant sur les différents facteurs intervenant dans le calcul d'un support vertical, on peut énoncer quelques principes théoriques concernant la forme optimale d'un tel élément.

Les poteaux ne supportant que des charges verticales peuvent, a priori, flamber dans toutes les directions. Ils flamberont cependant dans la direction où leur résistance à la flexion sera la plus faible. Aussi les poteaux devraient-ils présenter la même stabilité dans toutes les directions, ce qui est par exemple le cas des supports à section carrée ou, mieux encore, circulaire.

La résistance à la flexion d'un poteau, liée à son moment d'inertie, permet en outre certaines déductions quant à sa section optimale. La répartition des contraintes dans un poteau mis en flambage montre que les portions de surface les plus éloignées de l'axe neutre ou du centre de la section sont les plus efficaces. Il en découle que les sections tubulaires, de préférence rondes, constituent, théoriquement, la forme idéale. Dans la pratique, toutefois, de nombreux autres facteurs de nature constructive pourront conduire à d'autres choix. > III. 50 et 51

III. 51 : Colonnes massives, poteaux en treillis, poteau en acier

CÂBLES

Les câbles n'obéissent à aucune des lois décrites dans les chapitres précédents. Un câble fixé à ses extrémités fléchit en fonction de son poids propre et de la charge qui lui est accrochée, sa forme changeant à chaque modification de la charge. Comme il ne peut opposer aucune résistance aux moments de flexion, un câble prend toujours la forme où n'est généré aucun moment. Cette forme, appelée polygone funiculaire, correspond exactement au diagramme des moments fléchissants de la poutre qui remplacerait le câble. > III. 52

Polygone funiculaire

Une autre différence importante entre les câbles et les structures présentées jusqu'ici réside dans le fait que les premiers sont presque toujours soumis à des réactions d'appui non seulement verticales, mais aussi horizontales. Les câbles reprenant en effet les charges sous la forme d'efforts normaux, les forces qu'ils exercent sur les appuis ont – tout comme les réactions d'appui elles-mêmes – la même direction que le câble. Seul un câble pendant d'aplomb sera soumis à une réaction d'appui purement verticale. > III. 13, p. 20 En comparant les deux câbles de l'illustration 53, on voit que la composante verticale de la force agissant sur l'appui, correspondant à l'intensité de la charge, reste constante, tandis que la composante horizontale varie avec l'angle formé par le câble, c'est-à-dire avec sa flèche. Ce que tout le monde a déjà pu constater en observant une corde à linge plus ou moins tendue, représente un phénomène important pour toutes les structures à câbles : une flèche modeste signifie que le câble est très tendu, une flèche importante qu'il l'est peu.

Flèche

Tension du câble

À chargement égal, un câble est bien plus performant qu'une poutre, parce qu'il ne reprend les charges que sous la forme d'efforts de traction. La notion de performance signifie ici que des charges identiques peuvent

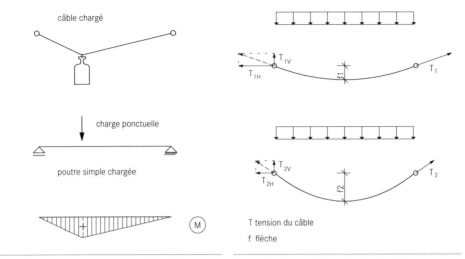

câble chargé

charge ponctuelle

poutre simple chargée

(M)

T tension du câble
f flèche

III. 52 : Polygone funiculaire – diagramme des moments fléchissants

III. 53 : Lien entre flèche et tension du câble

être reprises par une structure beaucoup plus légère. Pourquoi ne recourton dès lors pas plus souvent aux câbles ? C'est qu'ils présentent un certain nombre d'inconvénients pratiques. Les importantes déformations qu'ils admettent causent, dans les ouvrages de construction, de grandes difficultés. Pour éviter de fortes sollicitations dynamiques, il faut absolument empêcher les mouvements incontrôlés, comme par exemple le flottement au vent. Différentes méthodes permettent d'obtenir des structures à câbles dont la forme reste stable en toutes circonstances. L'une consiste à lester la structure de telle manière que les contraintes dues au vent et autres charges variables restent minimes par rapport à son poids propre. Cette solution s'offre par exemple dans le cas de toits suspendus. L'inconvénient est ici que les charges supplémentaires – pour
o lesquelles on utilise la plupart du temps du béton – accroissent les efforts

> O **Remarque:** Les câbles utilisés dans les structures porteuses sont en acier à haute résistance. Ils se composent d'un certain nombre de torons, eux-mêmes formés de minces fils d'acier torsadés de diamètre variable.

stability obtenue par
lestage
toit suspendu

stabilité conférée par
un plan rigide
pont suspendu

stabilité conférée par
un câble de prétension
poutre Jawerth

III. 54 : Contreventement de structures à câbles

générés dans les câbles, et qu'elles nuisent à la légèreté qui fait précisément l'intérêt de telles structures.

Une autre solution consiste à raidir la structure au moyen d'éléments rigides, comme dans les ponts suspendus dont le tablier est si rigide qu'il contrevente tout l'ouvrage.

Il est par ailleurs aussi possible de raidir une structure à câbles en la dotant de câbles de prétension. Les poutres de câbles, qui n'ont, en dépit des apparences, rien à voir avec les poutres treillis, fonctionnent selon ce principe. Tous les câbles de ces poutres sont soumis à une prétension telle qu'ils ne se déforment pas, même sous l'effet de charges extrêmes, si bien que la stabilité et la capacité porteuse de la structure ne sont pas compromises. > III. 54 Dans les structures tridimensionnelles composées de réseaux de câbles, la rigidité est obtenue par prétension de surfaces de courbure inverse. > Chap. Surfaces porteuses

ARCS

Si l'on solidifie un câble chargé et qu'on le retourne, la forme obtenue reprendra les charges non pas en traction, mais en compression. Cette forme, appelée ligne de poussée, est optimale, car un arc devrait, à l'instar d'un câble, ne reprendre que des efforts normaux. La ligne de poussée peut être déterminée soit par calcul, soit par une méthode graphique.

Ligne de poussée

Arcs et câbles présentent du reste d'autres points communs. Ainsi un arc transmet-il lui aussi à ses appuis des forces tant verticales qu'horizontales, l'intensité de ces dernières étant, ici encore, liée à la flèche (hauteur) de l'arc. En effet, plus un arc est surbaissé, plus grande est la poussée, c'est-à-dire les forces de compression horizontales qu'il exerce sur ses appuis. > III. 56

Flèche

III. 55 : Arcs

La principale différence entre un arc et un câble réside dans le fait qu'un arc ne peut, du fait de sa rigidité, s'adapter aux variations de charges en changeant de forme. Aussi telle ligne de poussée ne représentera-t-elle la forme optimale de l'arc que pour un cas de charge bien particulier. Si la charge change, la ligne de poussée changera également, si bien que l'arc sera soumis non plus seulement à des efforts normaux, mais aussi à des moments fléchissants. Il existe différentes possibilités de faire face à ce problème.

Les arcs en maçonnerie possédant la plupart du temps un poids propre important, par rapport auquel la charge utile est modeste, les variations de cette dernière n'auront que peu de répercussions sur la ligne de poussée, et l'arc restera stable. On pourra par ailleurs raidir les arcs au moyen d'éléments supplémentaires, en élevant par exemple au-dessus de l'arc un mur l'empêchant de se déformer ou de perdre sa capacité porteuse. Une autre possibilité encore consiste à utiliser, pour construire les arcs, des matériaux rigides, par exemple du bois lamellé-collé ou de l'acier. On veillera, dans ce cas, à ce que la hauteur statique de la section de l'arc soit suffisante pour reprendre les moments générés en plus des efforts normaux. > III. 57

■ **Astuce:** Il s'agit de ne pas confondre les véritables arcs avec les poutres en forme d'arc sollicitées en flexion. Un arc dont les forces horizontales ne peuvent pas être reprises par les deux appuis ne peut reprendre les charges qu'en flexion.

○ **Remarque:** Les structures en arc sont issues de la construction en maçonnerie. Cette dernière ne pouvant reprendre que des efforts de compression, toutes les ouvertures pratiquées dans un mur maçonné doivent être franchies par des arcs. Les bâtiments en maçonnerie anciens présentent souvent des arcades très raffinées, où le problème de la poussée se trouve ingénieusement résolu.

Pour plus d'informations concernant les arcs en maçonnerie, voir Nils Kummer, *Basics Construire en maçonnerie*, Birkhäuser, Bâle, 2007.

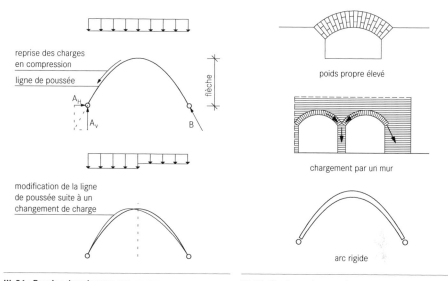

III. 56 : Reprise des charges par un arc

III. 57 : Contreventement des structures en arc

Parmi les arcs, on distingue trois systèmes statiques différents : les arcs à deux articulations, les arcs à trois articulations et les arcs encastrés.

Un arc à deux articulations possède des appuis articulés reprenant chacun des forces verticales et horizontales, mais pas de moments. En imaginant ce qui se passerait si l'un des appuis s'affaissait, on se rend compte qu'il s'agit là d'un système hyperstatique.

Arcs à deux articulations

En ajoutant une articulation, la plupart du temps au sommet de l'arc (clé), on rend le système isostatique. Si cela n'a quasiment aucune influence sur le comportement statique de l'arc, l'avantage pratique de cette solution réside dans le fait qu'un arc en deux parties est plus facile à transporter. Pour réaliser l'articulation, on appuie les deux parties de l'arc l'une contre l'autre et on les assemble, en général par vissage.

Arcs à trois articulations

L'encastrement des appuis rend l'arc plus rigide, car il empêche les moments fléchissants de tordre la structure. Cet effet de rigidification par encastrement est comparable à celui produit, dans le cas d'un poteau, par les conditions d'appui du quatrième cas identifié par Euler par rapport à celles du deuxième. > III. 49 et Chap. Poteaux Les arcs encastrés sont hyperstatiques. On y recourt rarement, un encastrement efficace étant en effet très difficile à réaliser. > III. 58

Arcs encastrés

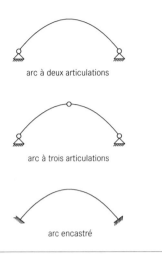

arc à deux articulations

arc à trois articulations

arc encastré

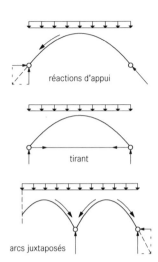

réactions d'appui

tirant

arcs juxtaposés

III. 58 : Systèmes statiques de structures en arc

III. 59 : Reprise des forces horizontales par les structures en arc

Poussée

Le problème des forces horizontales générées au niveau des appuis peut être résolu de différentes manières. L'une consiste à construire les appuis de telle manière qu'ils soient à même de transmettre la poussée de l'arc. Une autre consiste à relier les appuis par un tirant, ayant pour effet de compenser les forces horizontales exercées sur un appui par celles agissant sur l'autre. Si plusieurs arcs sont juxtaposés, les poussées exercées dans les deux directions s'annulent au niveau des appuis communs, ces derniers n'ayant dès lors plus à reprendre que des forces verticales. > III. 59

PORTIQUES

Deux poteaux supportant une poutre forment l'un des systèmes porteurs les plus simples que l'on puisse imaginer. Toutefois, si les appuis inférieurs et supérieurs des poteaux sont articulés, la structure ne sera pas stable. Un moyen d'y remédier consiste à relier la poutre aux supports verticaux de façon rigide, le système ainsi obtenu, très performant, étant appelé portique. Dans un portique, la poutre est appelée traverse, les poteaux, montants ou béquilles. L'assemblage entre traverse et montants étant rigide, ces différents éléments constituent une structure solidaire, assimilable à une poutre qui ferait retour à ses extrémités. Ainsi, lorsque la traverse fléchit sous une charge, elle transmet cette flexion

Montants/
traverse

III. 60 : Angles de portiques en acier

aux montants, lesquels s'écarteraient s'ils n'étaient pas maintenus en place par leurs appuis inférieurs, fixes. Ces derniers s'opposent donc à la déformation du portique, les montants ayant par ailleurs pour effet de réduire la flexion exercée sur la traverse. Celle-ci ne se comporte donc pas comme une poutre simple de même portée, mais subit un encastrement partiel.

C'est ce que confirme le diagramme des moments, caractérisé par les moments sur appui générés, au niveau des angles, par l'effet d'encastrement dû aux appuis. Ces moments réduisent le moment en travée de la traverse, dont la performance se trouve ainsi améliorée de la même manière que celle d'une poutre continue par rapport à celle d'une poutre simple, et à laquelle il est de ce fait possible de donner des dimensions moindres. > III. 61

Il apparaît toutefois aussi que les moments sur appui sollicitent fortement les angles du portique, dont l'exécution, pour qu'elle présente la rigidité flexionnelle requise, doit faire l'objet d'un soin particulier. C'est d'autant plus vrai que traverse et montants sont en général préfabriqués séparément, et assemblés sur le chantier. La rigidité des angles est cependant déterminante, car, comme nous l'avons vu, elle a pour autre avantage de stabiliser le portique et de le raidir longitudinalement. Cette propriété se révèle particulièrement utile dans les constructions à ossature, où les portiques peuvent participer, de la même manière que des parois rigides, au contreventement de la structure. > III. 61 et Chap. Dispositifs de contreventement

L'illustration 59 présente différents portiques à deux appuis articulés. On parle dans ce cas de portiques à deux articulations, lesquels représentent, à l'instar des arcs à deux articulations, des systèmes hyperstatiques. Comme dans le cas des arcs, on peut rendre le système isostatique en dotant le portique d'une articulation supplémentaire. Si cela n'a guère d'influence sur la capacité porteuse de la structure, cela

Portiques à deux articulations

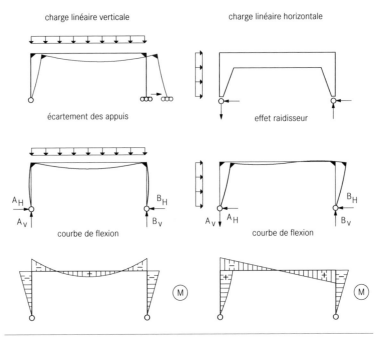

charge linéaire verticale

charge linéaire horizontale

écartement des appuis

effet raidisseur

courbe de flexion

courbe de flexion

III. 61 : Portiques sous charges linéaires verticale et horizontale

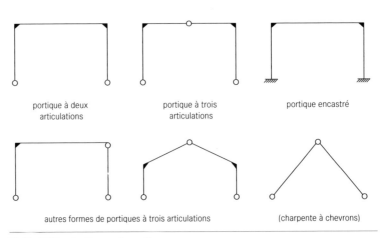

portique à deux
articulations

portique à trois
articulations

portique encastré

autres formes de portiques à trois articulations

(charpente à chevrons)

III. 62 : Différentes formes de portiques

peut en revanche se révéler profitable d'un point de vue constructif, Portiques à trois articulations d'autant plus que la troisième articulation peut être placée à des endroits très divers, par exemple à mi-traverse, au niveau de la clé du portique ou dans un angle. Les moments fléchissants étant nuls au niveau des articulations, la structure pourra y présenter une section plus modeste qu'aux endroits fortement sollicités en flexion.

En encastrant les montants à leur naissance, on augmente encore la rigidité des portiques. Les portiques encastrés sont toutefois peu fréquents, l'encastrement des montants étant en effet, ici encore, difficile Portiques encastrés à réaliser. > III. 62

Structures porteuses

Les bâtiments sont des objets tridimensionnels complexes, dont la structure porteuse semble au premier abord difficile à identifier et à analyser. Pourtant, tout ouvrage procède, fondamentalement, soit de la construction massive, soit de la construction à ossature, soit d'une combinaison des deux. Ces deux principes remontent aux origines de l'architecture et toutes les techniques développées jusqu'à aujourd'hui s'y conforment. Ainsi les huttes en torchis et les constructions sur pilotis les plus archaïques obéissent-elles, de ce point de vue, aux mêmes règles que les systèmes complexes produits par l'industrie du bâtiment moderne. L'illustration 63 présente, en plan, quelques exemples de constructions massives, à ossature et mixtes.

CONSTRUCTION MASSIVE

Les constructions massives se composent d'éléments de structure plans, reprenant les charges horizontales et verticales. On appelle <u>voiles</u> les parois capables de reprendre des charges aussi bien verticales qu'horizontales dans leur propre plan, mais ne présentant qu'une résistance réduite dans la direction perpendiculaire. > III. 64 Les voiles peuvent défaillir de différentes façons : ils peuvent se voiler, flamber ou basculer. Pour y remédier, ils sont contreventés, à intervalles déterminés, par d'autres parois perpendiculaires. Les parois se soutiennent donc mutuellement, faisant de toute construction massive une structure stable. Il convient cependant de faire la distinction entre parois porteuses, parois raidisseuses et cloisons non porteuses. Ces dernières peuvent être supprimées sans conséquences pour la stabilité de l'ouvrage. Dans les normes, les parois raidisseuses sont aussi considérées comme porteuses, bien qu'elles ne reprennent pas les charges issues des planchers. Cette

Voiles

construction massive   constructions mixtes   construction à ossature

contreventement nécessaire

III. 63 : **Exemples de construction massive, à ossature et mixte**

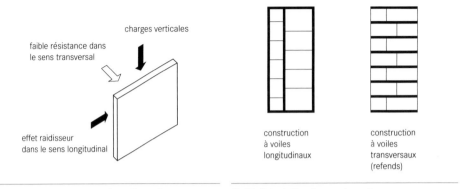

charges verticales

faible résistance dans
le sens transversal

effet raidisseur
dans le sens longitudinal

construction
à voiles
longitudinaux

construction
à voiles
transversaux
(refends)

III. 64 : Fonctionnement statique d'un voile   **III. 65 : Orientation des parois porteuses**

dernière fonction est assumée par les parois porteuses proprement dites, dont l'épaisseur est, en général, plus importante.

Constructions à voiles longitudinaux

Parmi les constructions massives, on établit une distinction entre celles à voiles longitudinaux et celles à voiles transversaux, ou refends. On a affaire au premier type lorsque le bâtiment comporte une ou deux parois porteuses intermédiaires parallèles à ses façades longitudinales.

Constructions à voiles transversaux ou refends

Quant au second type, il se prête par exemple à la construction d'hôtels ou de maisons mitoyennes, où les pièces présentent en principe des dimensions modestes. La distinction entre ces deux types est pertinente lorsque l'on recourt à des planchers à solivage ou en éléments de béton préfabriqués portant dans une seule direction. Dans le cas de dalles en béton armé transmettant leurs charges dans plusieurs directions, en revanche, tant les parois longitudinales que transversales sont conçues comme des voiles porteurs. > III. 65

○ **Remarque:** Les notions de construction massive et de construction à ossature n'ont pas le même sens pour les architectes et pour les ingénieurs structure. Ce qui vient d'être dit relève du vocabulaire de l'architecte, avant tout intéressé aux questions de géométrie et d'organisation spatiale. Pour l'ingénieur civil, la construction massive constitue un domaine spécialisé, traitant de la construction en maçonnerie et en béton armé. Les concepteurs structure associeront donc davantage la notion de construction massive au matériau mis en œuvre.

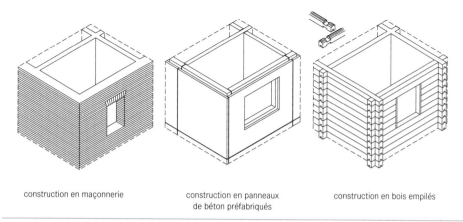

construction en maçonnerie · construction en panneaux de béton préfabriqués · construction en bois empilés

III. 66 : Constructions massives en différents matériaux

La construction massive trouve son origine dans la construction en maçonnerie. Les murs maçonnés ne pouvant reprendre de contraintes de traction, ils doivent être raidis en fonction de leur hauteur, de leur longueur et de leur épaisseur. Le meilleur moyen d'éviter les contraintes de traction est d'assurer une transmission des efforts la plus directe possible, en renonçant aux porte-à-faux, aux décrochements verticaux et aux ouvertures larges.

Comme nous l'avons vu dans le chapitre consacré aux dalles, le béton armé peut, grâce à son armature, reprendre des efforts de traction, ce qui rend les murs en béton sensiblement plus stables que ceux en maçonnerie. Aussi les bâtiments en béton peuvent-ils être conçus de façon beaucoup plus libre, tant en ce qui concerne la taille des espaces que l'importance des portées, les dimensions des baies ou la complexité de la structure. Les éléments en béton peuvent être soit coulés sur place, soit préfabriqués sous forme de panneaux de dimensions variables. La méthode de construction industrialisée la plus répandue met en œuvre des panneaux de grand format, allant du sol au plafond. Les raccords entre éléments sont réalisés à l'aide de pièces en acier, le béton étant coulé de manière à obtenir, malgré la préfabrication des panneaux, une construction monolithique.

Bien que les bâtiments en bois relèvent d'ordinaire de la construction à ossature, certains se rapprochent davantage de la construction massive. C'est notamment le cas des bâtiments en bois empilés, composés de rondins ou de madriers horizontaux superposés. De telles parois doivent leur stabilité à l'entrecroisement des bois au niveau des angles. Suite aux grands progrès accomplis par l'industrie du bois au cours des dernières années, on trouve aussi sur le marché des panneaux porteurs

Maçonnerie

Béton

Construction en panneaux

Bois

Construction en bois empilés

III.67 : Construction à ossature

composés soit de planches collées selon un principe similaire à celui du bois lamellé-collé, soit de planches contrecollées à fil croisé. Ces panneaux sont mis en œuvre selon des méthodes de construction totalement différentes des techniques traditionnelles, et dont le développement est loin d'être achevé.

CONSTRUCTION À OSSATURE

Les constructions à ossature se composent d'éléments linéaires formant une charpente, laquelle est pour ainsi dire habillée par les surfaces des parois et des planchers. Cela signifie que dans les constructions à ossature, les éléments de structure et les éléments destinés à délimiter les différents espaces constituent, en principe, des systèmes séparés. > III. 68

Les constructions à ossature se composent de trois catégories d'éléments : les poteaux, les poutres (et autres éléments de planchers) et les éléments de contreventement, reprenant les forces horizontales. Ces différents éléments sont assemblés, au niveau des nœuds, conformément aux exigences du matériau mis en œuvre. Les liaisons sont presque toujours articulées – c'est-à-dire pas assez rigides pour fonctionner comme des encastrements –, sans qu'il soit pour cela nécessaire de les exécuter sous forme de charnières ou autres. On peut en principe réaliser une ossature dans n'importe quel matériau résistant à la fois à la traction et à la compression (comme le bois, l'acier ou le béton armé), chaque matériau requérant cependant des méthodes de construction spécifiques, adaptées à ses propriétés et à ses possibilités d'assemblage.

Béton Le matériau le plus fréquemment utilisé dans les constructions à ossature est sans doute le béton armé, que ce soit, ici encore, sous forme de béton coulé sur place ou d'éléments préfabriqués. Les structures en béton coulé sur place se composent la plupart du temps de dalles massives portées par des poteaux et contreventées par des éléments ad hoc, la simplicité de ce système le rendant à la fois flexible et économique.

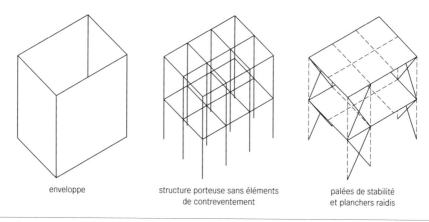

enveloppe

structure porteuse sans éléments
de contreventement

palées de stabilité
et planchers raidis

III. 68 : Éléments d'une construction à ossature

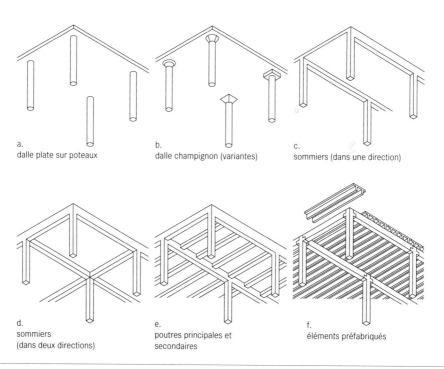

a.
dalle plate sur poteaux

b.
dalle champignon (variantes)

c.
sommiers (dans une direction)

d.
sommiers
(dans deux directions)

e.
poutres principales et
secondaires

f.
éléments préfabriqués

III. 69 : Constructions à ossature en béton armé

> III. 69a Les dalles plates sur appuis ponctuels n'autorisent toutefois que des portées limitées. Tous les efforts repris par la dalle devant en effet être transmis aux poteaux, la zone de contact entre poteaux et dalle est très fortement sollicitée, si bien qu'il y a risque de poinçonnement de la dalle. Pour y remédier, on peut renforcer cette zone de différentes façons, une possibilité étant offerte par le système appelé dalle champignon.
> III. 69b

Dalle champignon

Sommiers

Lorsque les portées sont trop importantes pour pouvoir mettre en œuvre ce système, on recourt à des sommiers, c'est-à-dire à des poutres filant de poteau à poteau, sur lesquelles reposent les dalles. Les sommiers peuvent être disposés de diverses manières. Selon les portées à franchir, on prévoira des sommiers orientés dans une ou deux directions, ou un système composé de poutres principales et secondaires. > III. 69c, d, e

Les constructions à ossature peuvent aussi se composer d'éléments préfabriqués. Il existe ici différents systèmes comprenant éléments de planchers, sommiers, poteaux et fondations, dont les dimensions dépendront, entre autres, des contraintes de transport sur le chantier. Pour rester économiques, les éléments préfabriqués devraient en principe pouvoir être transportés par poids lourds. Sur le chantier, on ne fait la plupart du temps plus que les monter et les assembler, ce qui implique que leurs liaisons sont en général articulées.

Éléments en double T

Pour les planchers, on utilise souvent, outre des éléments de dalles plats, des éléments préfabriqués en double T. Ces éléments de faible largeur, dotés de deux âmes parallèles, exploitent le principe des poutres-dalles et permettent ainsi de franchir de grandes portées. Ils sont juxtaposés sur des poutres en béton, prenant elles-mêmes appui sur les consoles dont sont munis les poteaux. > III. 69f et Chap. Dalles

Acier

Profilés

Les structures en acier sont presque toujours des ossatures. Elles se composent la plupart du temps de profilés laminés normalisés, fabriqués en différentes séries. > III. 70 Les dimensions requises pour ces profilés sont déterminées par le calcul statique, les hauteurs disponibles allant jusqu'à 60 cm. Si des poutres plus hautes sont nécessaires, on devra les fabriquer par assemblage de tôles soudées, le terme de tôle

○ **Remarque:** Le choix du mode de construction des planchers ayant une grande influence sur la hauteur des étages, il convient d'y réfléchir dès le dessin des premières coupes. Plus la portée du plancher est importante, plus grande sera la hauteur de la construction.

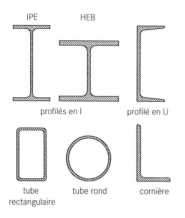

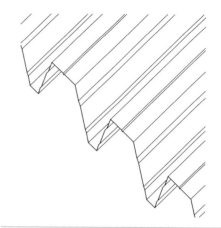

III. 70 : Principaux profilés en acier

III. 71 : Tôle à ondes trapézoïdales

désignant, dans la construction métallique, des feuilles ou plaques de métal pouvant atteindre plusieurs centimètres d'épaisseur.

Pour les éléments de construction plans, on utilise la plupart du temps de la tôle à ondes trapézoïdales, à laquelle son profilage permet – moyennant une hauteur adaptée – de franchir des portées assez importantes et de servir à la construction de planchers ou de toitures. > III. 71 ∎ Tôle à ondes trapézoïdales

Les éléments de structure en acier sont en général fabriqués en atelier dans des dimensions transportables, puis montés sur le chantier. Si le meilleur moyen d'assembler les pièces en atelier consiste à les souder, le soudage se révèle difficile sur le chantier. Aussi les assemblages de montage devraient-ils de préférence se faire par vissage.

La construction en acier permettant de réaliser sans difficultés ou dépenses excessives des angles rigides, on peut assembler poteaux et poutres de manière à exploiter l'effet raidisseur des portiques. > Chap. Portiques Compte tenu des efforts qu'elles ont à reprendre, cependant, les

∎ **Astuce:** Il existe des tables fournissant les dimensions et les valeurs statiques exactes des différents profilés en acier normalisés. On aura en général intérêt à utiliser des profilés issus de ces séries, car n'importe quelle entreprise de construction métallique saura se les procurer et les mettre en œuvre de façon économique.

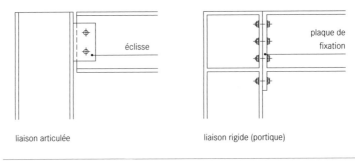

liaison articulée   liaison rigide (portique)

III. 72 : Liaisons articulée et rigide entre éléments en acier

liaisons d'angle rigides doivent présenter une résistance sensiblement accrue. Dans le cas de profilés en I, par exemple, on devra relier les deux semelles de la traverse par une plaque de fixation vissée au montant, et veiller à ce que les vis soient les plus espacées possible. Si la liaison est articulée, en revanche, il suffira de fixer l'âme de la traverse au montant au moyen d'une simple éclisse. > III. 72

Protection contre le feu Même si cela peut paraître étonnant, les structures en acier sont moins résistantes au feu que les constructions en bois. Lorsqu'il est soumis à de fortes températures, en effet, l'acier se ramollit et perd rapidement toute sa capacité porteuse. Aussi convient-il, dans les bâtiments à plusieurs étages, de protéger l'acier contre le feu, en l'habillant par exemple de plâtre ou en le recouvrant d'un enduit moussant. Il est par Constructions mixtes ailleurs possible de ralentir le réchauffement de l'acier en le combinant avec du béton. De telles constructions mixtes peuvent par exemple consister en tubes d'acier ou en profilés en I remplis de béton, ce dernier matériau assurant en outre, en cas d'incendie, une certaine portance résiduelle. > III. 73

Bois Le bois est le premier matériau à avoir été utilisé pour la réalisation d'ossatures. On trouve dans différentes cultures des techniques de construction en bois très anciennes, mais aussi très sophistiquées. Le sujet est complexe, car les méthodes de construction sont nombreuses et les possibilités de variation et de combinaison quasiment illimitées. Aussi nous bornerons-nous ici à mentionner les principales.

Construction à pans de bois La construction à pans de bois traditionnelle représente l'archétype de la construction à ossature, les vides de la charpente étant ici remplis de glaise ou de briques de terre cuite. Il s'agit d'une méthode de construction artisanale, caractérisée par des assemblages à emboîtement ne

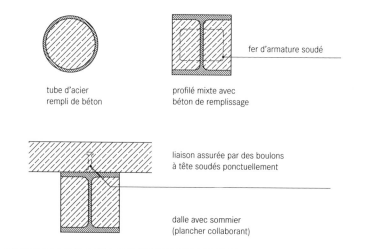

tube d'acier
rempli de béton

profilé mixte avec
béton de remplissage

fer d'armature soudé

liaison assurée par des boulons
à tête soudés ponctuellement

dalle avec sommier
(plancher collaborant)

III. 73 : Constructions mixtes acier-béton

faisant intervenir aucun organe métallique, et dont l'exécution demande beaucoup d'habileté. Si l'on ne réalise plus que rarement des bâtiments à pans de bois, on a souvent affaire à de telles constructions dans le domaine de la sauvegarde du patrimoine.

Les méthodes de construction en bois américaines, appelées « balloon-frame » et « platform-frame », se distinguent de la construction à pans de bois par le fait qu'elles mettent en œuvre de minces pièces de bois se rapprochant de planches ou de madriers, qui ne seraient pas stables et flamberaient si elles n'étaient maintenues en place par le bardage formant les parois. Quant aux assemblages, ils sont ici la plupart du temps exécutés par clouage. De telles constructions sont très économiques et flexibles.

Balloon-frame/
platform-frame

Les constructions à poteaux-poutres modernes constituent, sur le plan statique, des systèmes porteurs optimisés, présentant une grande souplesse de mise en œuvre. Leurs différents éléments, dimensionnés par l'ingénieur, peuvent se composer de bois massif, de bois lamellé-collé

Construction à
poteaux-poutres

○ **Remarque:** Pour plus d'informations concernant la construction en bois, voir Ludwig Steiger, *Basics Construire en bois,* Birkhäuser, Bâle, 2013.

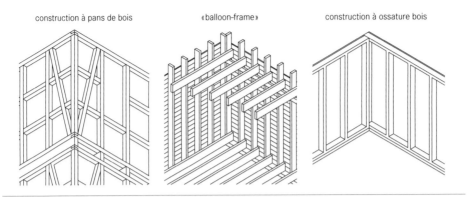

construction à pans de bois   «balloon-frame»   construction à ossature bois

III. 74 : Diverses méthodes de construction en bois

ou de divers panneaux en dérivés du bois, les assemblages étant la plupart du temps réalisés à l'aide d'organes métalliques.

Construction à ossature bois   La construction à ossature bois proprement dite est soumise à un processus d'industrialisation toujours plus poussé, le but visé étant la préfabrication d'éléments de parois ou de planchers de grand format, transportables par poids lourds. Composés de panneaux en dérivés du bois vissés sur des châssis porteurs, de tels éléments peuvent être livrés sur le chantier déjà dotés de leur isolation et de leurs revêtements, ainsi que d'éventuelles portes et fenêtres. Comme dans les constructions américaines, les pièces de bois formant l'ossature porteuse ne sont stables qu'une fois contreventées par un voile travaillant, la plupart du temps constitué de contreplaqué. > III. 74

DISPOSITIFS DE CONTREVENTEMENT

Lors de la conception d'une construction à ossature, on commence la plupart du temps par s'intéresser au poids propre et aux charges utiles verticales que devront reprendre les planchers et les poteaux. Les charges horizontales sont cependant tout aussi importantes. Les principales sont les charges dues au vent, susceptibles de solliciter le bâtiment dans n'importe quelle direction. Or les ossatures, dont les liaisons sont en général articulées, n'ont presque rien à opposer aux charges horizontales. Il convient donc de les doter d'un dispositif de contreventement efficace, c'est-à-dire d'éléments capables de reprendre dans leur propre plan les charges horizontales agissant sur les façades, et de les transmettre aux fondations. Dans le cas de bâtiments hauts, les dispositifs de

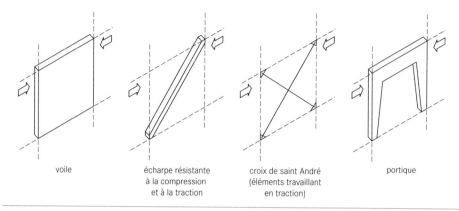

| voile | écharpe résistante à la compression et à la traction | croix de saint André (éléments travaillant en traction) | portique |

III. 75 : Dispositifs de contreventement

contreventement fonctionnent comme des poutres verticales transmettant aux fondations les charges exercées par le vent sur tous les étages.

Le contreventement d'une structure peut être assuré par des voiles, c'est-à-dire des parois massives construites, la plupart du temps, en maçonnerie ou en béton. Mais on peut aussi contreventer une ossature en la dotant soit d'écharpes diagonales, qui, selon le sens d'action des charges, seront sollicitées tantôt en compression, tantôt en traction, soit de barres ou de câbles tendus disposés en croix. On parlera alors de palées de stabilité. Par ailleurs, nous avons déjà mentionné que les portiques avaient, eux aussi, un effet raidisseur. > III. 75

Les constructions à ossature doivent être contreventées dans le sens longitudinal et transversal. Un seul dispositif de contreventement dans chaque sens ne suffit cependant pas, car considérés en projection verticale, leurs plans se couperaient en un seul point, autour duquel la structure pourrait pivoter et s'effondrer. Pour empêcher cela, on devra prévoir un troisième plan de contreventement, en veillant à ce qu'il ne coupe pas les deux autres en un même point. > III. 76a

En plan, les dispositifs de contreventement peuvent être disposés de diverses manières. Il convient cependant de les placer le plus symétriquement possible par rapport au centre de la structure, pour éviter que les éléments de contreventement ne soient inutilement sollicités par les importants efforts que générerait, dans le cas d'une position excentrée, le long bras de levier constitué par la longueur du bâtiment.

Lorsqu'une ossature est soumise à des charges horizontales, toutes les forces provenant d'une direction donnée doivent être transmises au

Voiles

Palées de stabilité

Raidissement des planchers

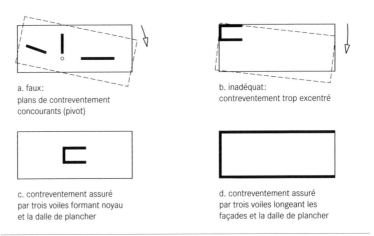

a. faux:
plans de contreventement
concourants (pivot)

b. inadéquat:
contreventement trop excentré

c. contreventement assuré
par trois voiles formant noyau
et la dalle de plancher

d. contreventement assuré
par trois voiles longeant les
façades et la dalle de plancher

III. 76 : Disposition des voiles de contreventement dans un bâtiment doté de planchers rigides

dispositif de contreventement correspondant. Pour cela, il faut, comme mentionné dans la légende de l'illustration 76, que les planchers soient rigides. Or un plancher composé de poutres et d'un simple revêtement n'est pas rigide, et donc pas à même de transmettre toutes les forces horizontales au dispositif de contreventement prévu à cet effet, car les poutres peuvent, dans ce cas, se déplacer les unes par rapport aux autres. Il est toutefois aisé de raidir un tel plancher au moyen de diagonales ou de barres ou câbles disposés en croix. > III. 77

Noyau   Dans les bâtiments à plusieurs étages, on utilise souvent les cages d'escaliers de secours et d'ascenseurs comme noyaux de contreventement. Composés principalement de parois fermées s'étendant sans interruption depuis les fondations jusqu'à la toiture, de tels noyaux fonctionnent comme des poutres verticales. Dans la construction de tours, la reprise des charges horizontales peut se révéler plus problématique que celle des charges verticales. En effet, la vitesse du vent augmente avec l'altitude, et les bâtiments hauts y sont beaucoup plus exposés que les constructions basses. Bien que la plupart des tours soient contreventées par des noyaux, il est aussi possible d'en concevoir les façades comme des treillis verticaux et de conférer ainsi au dispositif de contreventement la largeur maximale, à savoir celle du bâtiment lui-même.

Pour l'architecte, la question déterminante est de savoir si son projet est ou non suffisamment contreventé, c'est-à-dire s'il est ou non stable. Au-delà de cela, une structure pourra être plus ou moins rigide,

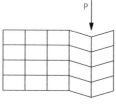
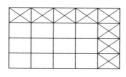
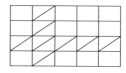
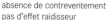

| absence de contreventement pas d'effet raidisseur | profilés résistants à la traction disposés en croix | diagonales résistantes à la traction et à la compression |

III. 77 : Raidissement des planchers des constructions à ossature

selon les dimensions plus ou moins grandes et la position plus ou moins centrale des éléments de contreventement. En outre, les différents systèmes de contreventement n'ont pas tous la même efficacité, certains étant, ici encore, plus rigides que d'autres.

HALLES

Le terme de halle ne désigne en fait rien d'autre qu'un grand espace, les halles pouvant en effet posséder aussi bien une structure massive qu'une ossature, et présenter les formes les plus diverses. Leur point commun réside dans la grande portée de leur toiture, la géométrie de cette dernière pouvant cependant, elle aussi, varier, en fonction de critères comme l'évacuation des eaux pluviales, la performance des poutres ou l'intégration de jours à la toiture. À cet égard, on pourra prévoir aussi bien des lanterneaux disposés longitudinalement que des sheds transversaux. > III. 78

Toiture en shed

La structure porteuse des halles devant être à même de franchir de grandes portées, on aura avantage à réduire le poids propre de la toiture en la concevant comme une construction légère.

Parmi les nombreux systèmes statiques adaptés à la construction de halles, nous passerons ici en revue les plus courants.

Les longues poutres transversales reposant sur les poteaux ou les parois des façades sont appelées poutres maîtresses. Leurs appuis étant articulés, on devra contreventer la structure soit en rigidifiant la toiture et les façades, soit en encastrant les poteaux. Les poutres maîtresses peuvent être construites en bois, en acier ou en béton armé. > III. 79

Poutres maîtresses

Les arcs travaillant principalement en compression, et non en flexion, ils se prêtent parfaitement au franchissement de grandes portées comme celles des halles. Il s'agit toutefois de résoudre le problème des impor-

Arcs

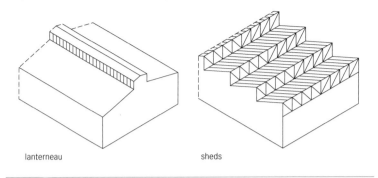

lanterneau   sheds

Ill. 78 : Exemples de halles dotées de jours en toiture

tantes poussées horizontales qu'exercent les arcs sur leurs appuis. Pour ce faire, les arcs devront soit se prolonger jusque dans le sol et transmettre leur poussée directement aux fondations, soit reposer sur des poteaux ou des parois renforcés par des contreforts ou d'autres dispositifs similaires. Il est aussi possible de relier les appuis par des tirants faisant se compenser les poussées horizontales opposées, les parois n'ayant dès lors plus à reprendre que les forces verticales. > Ill. 80 et Chap. Arcs

Portiques   Les systèmes à portiques sont tout à fait appropriés à la construction de halles. À la différence des arcs, ils permettent de construire des toitures de géométries très diverses, les portiques à deux ou trois articulations se prêtant par exemple très bien à la réalisation de formes asymétriques. Les dimensions des profilés mis en œuvre devraient cependant toujours être adaptées au diagramme des moments fléchissants.
> Ill. 81 et Chap. Portiques

Grilles de poutres   Les systèmes décrits jusqu'ici se composaient de poutres franchissant l'espace dans une seule et même direction. Il s'agissait en d'autres termes de systèmes orientés. On peut cependant aussi concevoir des structures transmettant leurs charges dans toutes les directions, ce qui se révèle surtout judicieux lorsque l'espace à couvrir présente à peu près la même portée dans les deux directions. Les poutres s'entrecroiseront alors pour former ce que l'on appelle une grille de poutres, de telles structures pouvant être réalisées en divers matériaux. Dans le cas d'une dalle en béton coulé sur place, on pourra prévoir des sommiers entrecroisés formant une structure monolithique solidaire. Dans le cas d'une grille de poutres en acier ou en bois, en revanche, la rigidité des liaisons au niveau des points d'intersection sera plus difficile à assurer.

Treillis spatiaux   Le principe du treillis peut s'appliquer non seulement à des poutres bidimensionnelles, mais aussi à des structures tridimensionnelles, appe-

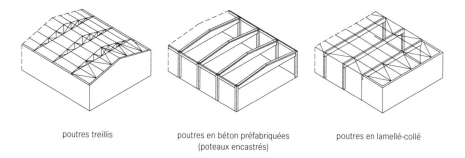

poutres treillis

poutres en béton préfabriquées
(poteaux encastrés)

poutres en lamellé-collé

III. 79 : Exemples de structures à poutres maîtresses

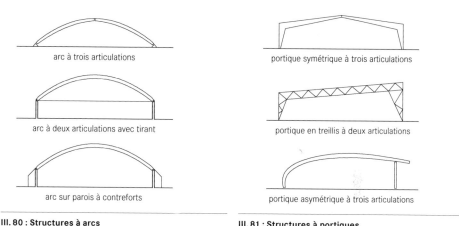

arc à trois articulations

portique symétrique à trois articulations

arc à deux articulations avec tirant

portique en treillis à deux articulations

arc sur parois à contreforts

portique asymétrique à trois articulations

III. 80 : Structures à arcs

III. 81 : Structures à portiques

lées treillis spatiaux ou nappes tridimensionnelles. De telles structures se composent presque toujours de barres et de nœuds d'assemblage préfabriqués en acier. > III. 82

Si le contreventement des halles obéit, bien sûr, aux lois décrites dans le chapitre précédent, il s'agit de tenir compte d'aspects supplémentaires. Ainsi ne suffit-il plus, dans une halle d'une certaine taille, de prévoir un seul dispositif de contreventement par axe, car les charges devraient alors suivre un trop long chemin avant d'être transmises aux éléments de contreventement verticaux, ce qui rendrait l'ensemble de la structure trop peu rigide.

Contreventement

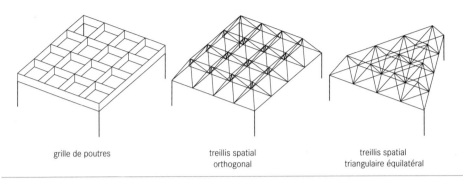

| grille de poutres | treillis spatial orthogonal | treillis spatial triangulaire équilatéral |

III. 82 : Grille de poutres et treillis spatiaux

Par ailleurs, les longues poutres, dimensionnées en fonction de leur portée, sont sujettes au flambage, > III. 44, p. 43 et risquent en particulier de défaillir sous l'effet d'une importante surcharge verticale ou d'une forte charge exercée par le vent contre le pignon. Pour y remédier, on dote la plupart du temps les travées pignon de la toiture d'un contreventement transmettant à l'égout les charges dues au vent, et on empêche les poutres maîtresses intermédiaires de flamber en les reliant, par des pannes longitudinales, aux travées ainsi contreventées. > III. 83 et Chap. Dispositifs de contreventement

L'acier se prête on ne peut mieux à la construction de halles. Léger et très résistant, ce matériau permet de réaliser de façon économique pratiquement n'importe quel système statique, le fait qu'il rende les liaisons rigides faciles à exécuter n'étant pas son moindre avantage.

Le bois est, lui aussi, un matériau très performant, tout à fait approprié à la construction de halles. Ainsi pourra-t-on par exemple recourir à des arcs, fermes, poutres maîtresses ou portiques à liaisons rigides en lamellé-collé, ou à des poutres treillis composées de pièces en bois massif.

Les halles en béton, toujours composées d'éléments préfabriqués, se distinguent des systèmes porteurs réalisés dans d'autres matériaux par le fait que leurs supports verticaux sont la plupart du temps encastrés dans les fondations, tandis que leurs poutres maîtresses reposent toujours sur des appuis articulés. Les poutres en béton armé étant le plus souvent coulées dans des coffrages métalliques industriels réutilisables, ce système n'offre que peu de flexibilité dans le choix de leur géométrie.

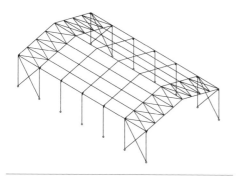

III. 83 : Exemple de contreventement d'une halle

SURFACES PORTEUSES

Dans la partie consacrée aux principaux éléments de structure, nous avons vu qu'à la différence des poutres, essentiellement sollicitées en flexion, les arcs et les câbles travaillaient principalement en compression ou en traction. Or ce mode de reprise des charges caractérise également des structures surfaciques tridimensionnelles, aussi appelées surfaces porteuses ou structures à parois minces. Ces dernières pouvant prendre des formes très variées, nous nous limiterons ici à en passer en revue les principales catégories.

Alors que les structures plissées se composent de surfaces planes et que leur capacité porteuse est due à la rigidité de ces surfaces, les coques sont des structures cintrées pouvant présenter les formes les plus diverses. > III. 84 Structures plissées/coques

Pour former une couverture, il est possible de juxtaposer des coques ou des structures plissées linéaires, reposant, comme des poutres, sur deux ou plusieurs appuis. Lorsqu'il s'agit de franchir de grandes portées, il importe de conférer aux éléments porteurs la plus grande hauteur statique possible, tout en limitant au maximum leur poids propre. Les éléments cintrés ou plissés linéaires, dont l'effet est comparable à celui d'une plaque de tôle à ondes trapézoïdales, > III. 71, p. 65 s'y prêtent particulièrement bien. Il convient cependant de les empêcher de s'écarter latéralement et de s'affaisser en les fixant à leurs extrémités. > III. 85 Surfaces porteuses linéaires

À l'instar des arcs et des structures porteuses à câbles, les surfaces porteuses se distinguent en fonction du type de sollicitation auquel elles sont soumises. Les coupoles, coques et autres structures du même genre travaillent principalement en compression. Le report des charges sera d'autant plus aisé que leurs bords reposeront sur des appuis continus. Sont en revanche sollicitées en traction toutes les structures suspen- Modes de sollicitation
Coupoles et coques

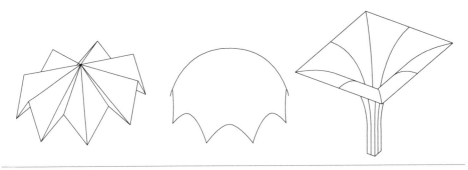

III. 84 : Structures plissées et coques

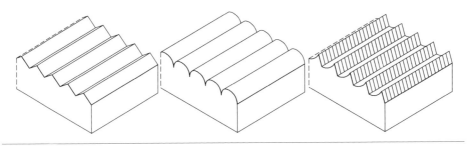

III. 85 : Structures plissées et voûtes

dues, comme les réseaux de câbles et les membranes. Mais les structures en béton peuvent, elles aussi, travailler en traction. Dans ce cas,
elles devront être maintenues en place, au niveau de leurs bords, par des
poutres de rive rigides ou des câbles, ces derniers reprenant les efforts
de traction – qui sont considérables – à l'aide de haubans et de puissants
massifs d'ancrage.

Les surfaces à courbure simple sont cintrées dans un sens, linéaires
dans l'autre. Toutes les surfaces convexes ou concaves que l'on peut
obtenir en déformant une surface plane – par exemple une feuille de
papier – sont à courbure simple. Il s'agit toujours de portions de cylindres
ou de cônes, pouvant reposer soit à leurs extrémités, à la manière d'une
poutre, soit sur leurs longs côtés. Dans ce dernier cas, la surface porteuse fonctionnera aussi à la manière d'un arc.

Les surfaces à double courbure, elles, ne peuvent pas être obtenues
à partir d'une surface plane. L'illustration 86 en présente quelques
exemples. Une double courbure rend une surface rigide dans les trois

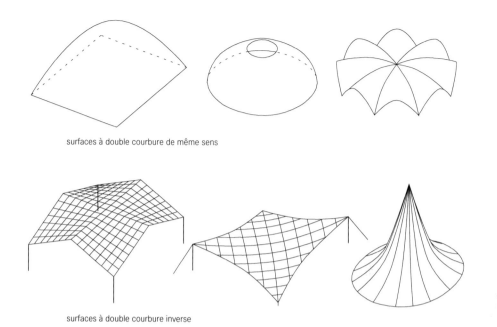

surfaces à double courbure de même sens

surfaces à double courbure inverse

III. 86 : Surfaces porteuses à double courbure

dimensions. Elle empêche de se déformer – pour autant qu'elles soient soumises à une prétension suffisante – les surfaces travaillant en traction, comme les réseaux de câbles ou les membranes, et elle permet de réaliser des coques en brique ou en béton à la fois minces et résistantes.

Les coques et les coupoles sont des surfaces porteuses à double courbure de même sens. Quant aux surfaces à double courbure inverse, c'est surtout parmi les réseaux de câbles ou les membranes qu'on en trouve des exemples.

Double courbure de même sens/ inverse

FONDATIONS

Les fondations font, évidemment, partie intégrante de la structure porteuse d'un ouvrage. Mais c'est aussi le cas du sol lui-même, qui doit être capable, comme tous les autres éléments de structure, de reprendre les charges agissant sur l'ouvrage. Comme tout autre matériau, le sol réagit aux charges par des déformations, en l'occurrence des tassements pouvant atteindre plusieurs centimètres. De tels tassements ne représentent pas un dommage, mais procèdent du comportement statique normal du sol. En général, ce dernier peut reprendre des charges bien moins importantes que la plupart des matériaux de construction proprement

Sol de fondation

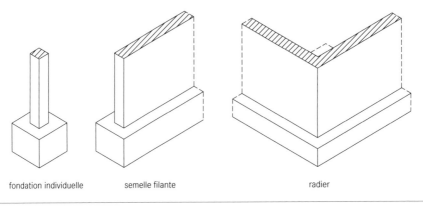

fondation individuelle   semelle filante   radier

III. 87 : Types de fondations

dits. Pour que les contraintes absorbables par le sol ne soient malgré tout pas dépassées, les charges issues du bâtiment doivent être réparties sur une surface de fondation suffisante. Comme dans le sol, les charges se propagent dans toutes les directions, les contraintes diminuent rapidement dans le sens de la profondeur.

Types de sols   Il existe de nombreux types de sols, réagissant de manière différente aux charges. Si c'est principalement la granulométrie du sol qui en détermine les propriétés, la manière dont celui-ci réagit aux variations d'humidité revêt aussi une grande importance. Il convient par conséquent, avant de se lancer dans un projet de construction, de récolter le plus d'informations possible sur la nature et l'humidité du sol, ainsi que sur le niveau de la nappe phréatique. Il est devenu d'usage d'effectuer, même pour les petits projets, une étude géotechnique.

Types de fondations   Les fondations ont pour fonction de transmettre les charges au sol. Les contraintes exercées sur le sol dépendent de la surface sur laquelle se répartissent les charges, c'est-à-dire des dimensions des fondations. Ces dernières peuvent être de trois types :

— Les fondations individuelles servent la plupart du temps à reprendre les charges issues de poteaux isolés.
— Les fondations linéaires, ou semelles filantes, transmettent au sol les charges issues des parois porteuses.
— Les fondations par dalle se composent d'un radier continu en béton armé, répartissant les charges issues des parois porteuses et des poteaux sur toute l'assise du bâtiment. > III. 87

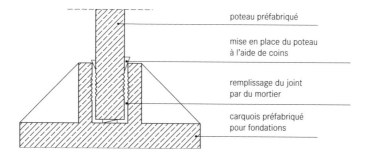

poteau préfabriqué

mise en place du poteau à l'aide de coins

remplissage du joint par du mortier

carquois préfabriqué pour fondations

III. 88 : Carquois préfabriqué pour fondations

Les fondations peuvent aussi être livrées sur le chantier sous forme d'éléments préfabriqués, ce qui se révèle surtout économique pour les fondations individuelles. Dans l'exemple de l'illustration 88, l'élément de fondation se présente comme un carquois dans lequel vient se loger le poteau, lui aussi préfabriqué. Une fois celui-ci mis en place avec précision, le joint entre fondation et poteau est rempli de mortier, ce qui rend les deux éléments solidaires.

Lorsque la portance des couches superficielles du sol se révèle insuffisante, le report des charges doit se faire au moyen de fondations profondes. Une technique consiste à creuser des trous jusqu'au bon sol et à les remplir de béton. Les pieux forés ainsi obtenus fonctionnent comme de longs poteaux enterrés sur lesquels repose le bâtiment. Si les charges sont principalement transmises au sol via l'extrémité des pieux, la surface rugueuse de ces derniers peut contribuer à en renforcer l'ancrage dans le sol. > III. 89

Fondations profondes

Lorsque le sol gèle, il augmente de volume en raison de la dilatation de l'eau qu'il contient, ce qui entraîne des déformations inégales. Aussi faut-il éviter que le sol ne gèle sous les fondations. Comme en hiver, le sol ne gèle, à partir de la surface du terrain, que jusqu'à une certaine profondeur, il convient de prévoir, sur le pourtour du bâtiment, des fondations filantes continues descendant jusqu'à la profondeur à l'abri du gel. La ligne de gel peut se situer, selon le climat, à une profondeur comprise entre 80 cm et 1 m. > III. 90

Fondations à l'abri du gel

Les dommages subis par les fondations se manifestent la plupart du temps par l'apparition de fissures sur l'ouvrage fini. Celles-ci sont

Dommages

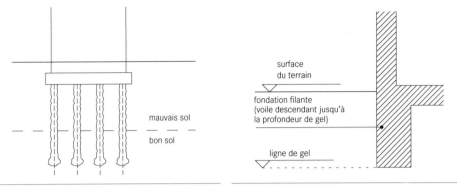

surface
du terrain

fondation filante
(voile descendant jusqu'à
la profondeur de gel)

mauvais sol

bon sol

ligne de gel

III. 89 : Fondation profonde par pieux forés

III. 90 : Fondation à l'abri du gel

toujours causées par des tassements différentiels soit du bâtiment lui-même, soit du sol de fondation.

Chaque type de sol étant en général caractérisé par des tassements différents, les sols de qualité non constante sont inévitablement source de problèmes. Par ailleurs, il peut se révéler problématique d'asseoir sur des fondations communes des parties d'ouvrage sollicitées par des charges très différentes, ou de faire descendre les fondations à des profondeurs diverses, car il en résulte, dans le sol, des contraintes inégales. Il s'agira donc, lors de la conception, de prendre des mesures appropriées, pouvant consister soit à transmettre les charges au sol de manière uniforme, soit à permettre des tassements différentiels en prévoyant des joints adéquatement placés.

Conclusion

Le présent volume a pour ambition de faciliter l'accès au domaine complexe qu'est l'analyse des structures porteuses. Les connaissances ici dispensées devraient permettre aux étudiants de mieux comprendre les phénomènes statiques, de prendre en compte la problématique de la reprise des charges dans leurs projets et d'imaginer des solutions réalistes, en adoptant une démarche intégrative. À qui exploite de façon créative les possibilités constructives, donner forme à la structure porteuse d'un bâtiment permet d'en préciser, voire d'en générer la conception spatiale. Ainsi la qualité d'une structure porteuse se mesurera-t-elle avant tout à sa capacité de renforcer l'idée sous-tendant le projet. Cela s'applique tout particulièrement aux ouvrages dont la fonction et la configuration confèrent à la structure une importance primordiale, par exemple du fait de l'importance des portées à franchir. Dans de tels cas, il n'est possible de parvenir à des solutions entièrement satisfaisantes que si l'on maîtrise toute la complexité inhérente à la conception des structures.

Chacun pourra développer les bases transmises dans cet ouvrage en traitant les aspects structuraux de façon créative et même ludique, et en interprétant les lois statiques et constructives en fonction des exigences de chaque projet.

Lors de la conception, on pourra déjà s'appuyer sur quelques principes simples :

1. Toutes les charges agissant sur l'ouvrage devraient être transmises le plus directement possible aux fondations.
2. Les portées devraient, si possible, rester modestes. Les éléments permettant de franchir de grandes portées sont, en effet, difficiles à construire et onéreux, et l'on ne devrait y recourir que lorsque l'espace à couvrir l'exige impérativement.
3. Les grandes portées peuvent être franchies sans problème par des éléments porteurs dimensionnés en conséquence. Aussi convient-il, même si aucun choix n'a encore été fait concernant le type de structure à mettre en œuvre, de prévoir pour les éléments concernés une hauteur statique suffisante.

Le lecteur qui, au-delà des notions présentées dans cet ouvrage, s'intéressera de plus près aux méthodes de calcul utilisées par les ingénieurs, pourra parvenir à une meilleure compréhension de la démarche des concepteurs structure, et effectuer lui-même les calculs de prédimensionnement qui lui permettront de traiter la structure de façon plus précise.

Annexes

FORMULES DE PRÉDIMENSIONNEMENT

Les formules suivantes sont destinées au dimensionnement approximatif des éléments de structure lors de la phase d'avant-projet. Leur application ne saurait constituer un contrôle suffisant de la capacité porteuse desdits éléments. Les lettres l ou l_i désignent la longueur ou la portée de l'élément considéré.

Dalles

Dalles plates en béton armé pour planchers intermédiaires :
— Économiques pour des portées allant jusqu'à 6,5 m
— Épaisseur h d'au moins 16 cm, pour garantir l'isolation phonique nécessaire
— Pour dalle de portée inférieure à 4,30 m, appuyée sur poteaux ou parois :

$$h(m) \approx \frac{l_i(m)}{35} + 0,03 \text{ m}$$

— Pour dalle de portée supérieure à 4,30 m, avec limitation de la flèche en raison de la présence de cloisons légères sur la dalle :

$$h(m) \approx \frac{l_i^{2}(m)}{150} + 0,03 \text{ m}$$

N.B. : Les formules ci-dessus s'appliquent à des dalles à une travée. On pourra admettre pour les dalles continues une épaisseur moindre.

Planchers à solivage :
— Écartement des solives : 70–90 cm
— Largeur des solives : $b \approx 0,6 \cdot h \geq 10$ cm

Hauteur des solives : $h \approx \dfrac{l_i}{17}$

Poutres IPE :
— Chargement selon l'axe fort
— Hauteur h du profilé en cm, q charge linéaire en kN/m, l portée en m

$$h \approx \sqrt[3]{50 \cdot q \cdot l^{2}} - 2$$

<u>Poutres HEB</u> :
- Chargement selon l'axe fort
- Hauteur h du profilé en cm, q charge linéaire en kN/m, l portée en m

$$h \approx \sqrt[3]{17{,}5 \cdot q \cdot l^2} - 2$$

Structures de toitures de grande portée

<u>Poutres parallèles en lamellé-collé</u> :
- Portée : 10–35 m
- Écartement : 5–7,5 m

Hauteur : $h = \dfrac{l}{17}$

<u>Poutres treillis en bois à membrures parallèles</u> :
- Portée : 7,5–60 m
- Écartement : 4–10 m

Hauteur totale : $h \geq \dfrac{l}{12}$ à $\dfrac{l}{15}$

<u>Poutres en acier à âme pleine</u> :
- Portée jusqu'à 20 m
- Poutres IPE jusqu'à 600 mm de hauteur

Hauteur : $h \approx \dfrac{l}{30} \cdots \dfrac{l}{20}$

<u>Poutres treillis en acier</u> :
- Portée jusqu'à 75 m

Hauteur : $h \approx \dfrac{l}{15} \cdots \dfrac{l}{10}$

RÉFÉRENCES BIBLIOGRAPHIQUES

François Frey, Marc-André Studer, *Introduction à l'analyse des structures,* Presses polytechniques et universitaires romandes, Lausanne, 2013

Kurt Gieck, *Formulaire technique,* 11e édition revue et complétée, Dunod, Paris, 2013

Thomas Herzog, Julius Natterer, Roland Schweitzer, Michaël Volz, Wolfgang Winter, *Construire en bois,* Presses polytechniques et universitaires romandes, Lausanne, 2012

Friedbert Kind-Barkauskas, Bruno Kauhsen, Stefan Polonyi, Jörg Brandt, *Construire en béton,* Presses polytechniques et universitaires romandes, Lausanne, 2006

Aurelio Muttoni, *L'art des structures – Une introduction au fonctionnement des structures en architecture,* 2e édition, Presses polytechniques et universitaires romandes, Lausanne, 2012

Mario Salvadori, *Comment ça tient ?,* Parenthèses, Marseille, 2005

Helmut C. Schulitz, Werner Sobek, Karl-J. Habermann, *Construire en acier,* Presses polytechniques et universitaires romandes, Lausanne, 2003

Henry Thonier, *Conception et calcul des structures de bâtiment,* L'Eurocode 2 pratique, Presses de l'École nationale des ponts et chaussées (ENPC), Paris, 2007

René Vittone, *Bâtir,* 2e édition, Presses polytechniques et universitaires romandes, Lausanne, 2013

NORMES

SIA 260	Bases pour l'élaboration des projets de structures porteuses
SIA 261	Actions sur les structures porteuses
SIA 261/1	Actions sur les structures porteuses – Spécifications complémentaires
SN EN 1990	Eurocodes : Bases de calcul des structures

CRÉDITS ICONOGRAPHIQUES

Illustration page 8 : Colonnade devant l'Ancienne, Galerie Nationale, Berlin, Friedrich August Stüler

Illustration page 34 : Halle des turbines de l'AEG, Peter Behrens

Illustration page 58 : Gare principale de Berlin, von Gerkan, Marg und Partner

Illustration 7 à gauche et à droite ; illustration 41 à gauche et au milieu ; illustration 55 à gauche et à droite : Institut für Tragwerksplanung, Prof. Berthold Burkhardt, Technische Universität Braunschweig

Toutes les autres illustrations proviennent de l'auteur.

AUTRES TITRES PARUS DANS CETTE COLLECTION :

Conception

Basics Idée de project
Bert Bielefeld, Sebastian El Khouli,
Laurent Auberson
ISBN 978-3-7643-8111-0

Basics La recherche de la forme
Kari Jormakka, Oliver Schürer,
Dörte Kuhlmann
ISBN 978-3-7643-8464-7

Basics Concevoir l'habitat
Jan Krebs
ISBN 978-3-7643-7953-7

Basics Matérialité
Manfred Hegger, Hans Drexler,
Martin Zeumer
ISBN 978-3-7643-7954-4

Basics Aménager l'espace
Ulrich Exner, Dietrich Pressel
ISBN 978-3-7643-8849-2

Principes de représentation graphique

Basics Maquettes d'architecture
Alexander Schilling
ISBN 978-3-7643-7956-8

Basics Dessin technique
Bert Bielefeld, Isabella Skiba
ISBN 978-3-0346-0678-3

Basics CAO/DAO
Jan Krebs
ISBN 978-3-7643-8108-0

Construction

Basics Construire en bois
Ludwig Steiger
ISBN 978-3-0346-1330-9

Basics Construire en maçonnerie
Nils Kummer
ISBN 978-3-7643-7955-1

Basics Construction de toitures
Tanja Brotrück
ISBN 978-3-7643-7952-0

Basics Construire en verre
Andreas Achilles, Diane Navratil
ISBN 978-3-7643-8852-2

Basics Baies et fenêtres
Roland Krippner, Florian Musso
ISBN 978-3-7643-8467-8

Exercice de la profession

Basics Gestion de project
Hartmut Klein
ISBN 978-3-7643-8470-8

Basics Conduite de travaux
Lars-Phillip Rusch
ISBN 978-3-7643-8105-9

www.birkhauser.com

Directeur de collection : Bert Bielefeld
Conception éditoriale : Bert Bielefeld,
Annette Gref
Conception graphique : Andreas Hidber
Mise en page : Amelie Solbrig
Traduction de l'allemand : Léo Biétry

Information bibliographique de la Deutsche
Nationalbibliothek
La Deutsche Nationalbibliothek a répertorié
cette publication dans la Deutsche National-
bibliografie ; les données bibliographiques
détaillées peuvent être consultées sur Internet
à l'adresse http://dnb.dnb.de.

Imprimé sur papier sans acide, composé de
tissus cellulaires blanchis sans chlore. TCF ∞

Ce livre est aussi paru en version allemande
(ISBN 978-3-0356-2004-7) et anglaise
(ISBN 978-3-0356-2188-4).

Imprimé en Allemagne

ISBN : 978-3-0356-0563-1

© 2015 Birkhäuser Verlag GmbH, Bâle
Case postale 44, 4009 Bâle, Suisse
Membre de Walter de Gruyter GmbH,
Berlin/Boston

9 8 7 6 5 4 3 2

www.birkhauser.com